La historia definitiva de las carreras de rally: la evolución y el impacto de una tradición automovilística

por

Etienne Psaila

La historia definitiva de las carreras de rally: la evolución y el impacto de una tradición automovilística

Derechos de autor © 2024 por Etienne Psaila.

Todos los derechos reservados.

Primera Edición: **Abril 2024**

Ninguna parte de esta publicación puede ser reproducida, distribuida o transmitida de ninguna forma ni por ningún medio, incluyendo fotocopias, grabaciones u otros métodos electrónicos o mecánicos, sin el permiso previo por escrito del editor, excepto en el caso de citas breves incorporadas en reseñas críticas y otros usos no comerciales permitidos por la ley de derechos de autor.

Este libro forma parte de la serie 'Automotive Reading Books' y cada volumen de la serie está elaborado con respeto por las marcas de automóviles y motocicletas de las que se habla, utilizando nombres de marcas y materiales relacionados bajo los principios de uso justo con fines educativos. El objetivo es celebrar e informar, proporcionando a los lectores una apreciación más profunda de las maravillas de la ingeniería y la importancia histórica de estas marcas icónicas.

Diseño de la portada por Etienne PsailaDistribución interior por Etienne Psaila

Sitio web: **www.etiennepsaila.com**
Contacto: **etipsaila@gmail.com**

Tabla de contenidos

Introducción
- Los orígenes de las carreras de rally
- Entendiendo los fundamentos del rally

Capítulo 1: Los primeros días (1890-1950)
- Los pioneros de las carreras de rally
- Eventos e hitos clave en el rally temprano
- Evolución de los coches de rally en la primera mitad del siglo XX

Capítulo 2: La Era Dorada (1960-1980)
- El auge de los pilotos legendarios y los coches icónicos
- Innovaciones en tecnología de automóviles y tácticas de rally
- Los grandes repuntes y su impacto global
- La evolución del reglamento de los rallyes

Capítulo 3: La Era Moderna (1990-2000)
- La introducción de nuevas clases y formatos
- Avances tecnológicos en seguridad y rendimiento
- El auge de los patrocinios comerciales y la cobertura mediática

Capítulo 4: El siglo XXI (2010-presente)
- La revolución híbrida en los coches de rally
- Rally en la era de los medios digitales y las audiencias globales
- Retos y oportunidades actuales en las carreras de rally

Capítulo 5: Mítines icónicos en todo el mundo
- Rally de Montecarlo: la joya de la corona
- Safari Rally: Rally en la naturaleza
- Rally Dakar: la prueba de resistencia definitiva
- Otros repuntes notables

Capítulo 6: Pilotos de rally legendarios
- Perfiles de figuras legendarias en las carreras de rally
- Impacto de los pilotos en la popularidad y evolución del deporte

Capítulo 7: Evolución de los coches de rally
- Hitos tecnológicos en el diseño de coches de rally
- El papel de los fabricantes en la historia de los rallyes

Capítulo 8: Cultura de los rallyes y participación de los aficionados
- El papel de los aficionados en los rallyes
- Impacto cultural del rally en los deportes de motor y más allá

Capítulo 9: Gobernanza y Regulaciones
- El papel de la FIA y otros órganos rectores en los rallyes
- Cómo las regulaciones han dado forma al panorama competitivo

Capítulo 10: El futuro de las carreras de rally
- Tecnologías emergentes y su impacto potencial
- Sostenibilidad en los rallyes: hacia un futuro más verde

Conclusión
- El legado duradero de las carreras de rally
- Perspectivas de futuro y evolución continua del deporte

Apéndice
- Cronología de los eventos significativos del rally
- Glosario de términos de rally
- Perfiles de coches de rally notables

Introducción: El apasionante mundo de las carreras de rally

Bienvenido al mundo de alto octanaje de las carreras de rally, un deporte definido por su emoción trepidante, terrenos desafiantes y el espíritu indomable de sus participantes. Desde sus humildes comienzos a finales del siglo XIX hasta su estatus actual como espectáculo mundial, las carreras de rally han cautivado continuamente al público y han desafiado a los pilotos como ningún otro automovilismo.

Las carreras de rally, o rally, son fundamentalmente diferentes de otras formas de automovilismo. Si bien la velocidad es un elemento esencial, la verdadera esencia del rally radica en su formato único. Las carreras, o "rallies", se llevan a cabo en carreteras públicas cerradas o áreas fuera de la carretera con superficies variables que incluyen grava, asfalto, nieve e incluso hielo. Los conductores y sus copilotos se enfrentan al desafío implacable de navegar por estos caminos impredecibles, confiando en habilidades de conducción precisas y una preparación meticulosa para tener éxito.

Este libro tiene como objetivo explorar todas las facetas de las carreras de rally, desde las innovaciones técnicas que han impulsado el deporte hasta las figuras legendarias que han grabado sus nombres en su historia. Viajaremos a través de las décadas, siendo testigos de la evolución del deporte a medida que se extendió por todos los continentes, adaptándose y creciendo en medio de los cambiantes paisajes culturales y tecnológicos.

Comenzaremos rastreando las raíces de las carreras de rally a finales del siglo XIX y principios del XX, donde comenzaron como una simple prueba de resistencia y navegación a través de grandes distancias. Estas primeras competiciones sentaron las bases de lo que se convertiría en un deporte

Capítulo 1: Los primeros días (1890-1950)

Los pioneros de las carreras de rally

Las carreras de rally, con sus raíces firmemente plantadas en los primeros días de la innovación automotriz, deben gran parte de su existencia a los espíritus pioneros que se atrevieron a superar los límites de lo que era posible con estas nuevas máquinas. A finales del siglo XIX se produjo el comienzo de una nueva era en el transporte, y fue en este contexto de emoción y experimentación que se sembraron las semillas de las carreras de rally.

A la vanguardia de este movimiento se encontraba el Concurso de Carruajes sin Caballos París-Rouen de 1894, un evento histórico que pasaría a la historia como el primer rally de este tipo. Organizada por el Automóvil Club de Francia, la competición no fue simplemente una carrera, sino una declaración audaz sobre el potencial de los automóviles como medio de transporte viable. Reunió una amplia gama de vehículos, desde artilugios a vapor hasta primitivos coches de gasolina, cada uno compitiendo por la supremacía en un agotador recorrido de 79 millas desde París hasta Rouen.

Lo que diferenció a la competición París-Rouen de los eventos automovilísticos anteriores fue su enfoque en la practicidad y la fiabilidad en lugar de la velocidad pura. Los participantes fueron juzgados no solo por su capacidad para cubrir la distancia en el menor tiempo posible, sino también por la fiabilidad de sus vehículos, las características de seguridad y la idoneidad general para el uso diario. Este énfasis en la durabilidad y la funcionalidad sentó las bases para la naturaleza basada en la resistencia de las carreras de rally que surgiría en los años venideros.

A medida que avanzaba el siglo XX y la tecnología automotriz continuaba avanzando, también lo hacían los desafíos que enfrentaban los pilotos de rally. Los primeros rallyes, como el Rally de Montecarlo y el Rally Alpino, pusieron a prueba el temple de los participantes con puertos de montaña traicioneros, condiciones climáticas impredecibles y terreno accidentado. Estos eventos exigían no solo velocidad y habilidad al volante, sino también una planificación meticulosa, destreza en la navegación y la capacidad de adaptarse a circunstancias siempre cambiantes.

Los pioneros de las carreras de rally eran un grupo diverso, proveniente de todos los rincones del mundo y que representaba una amplia gama de orígenes y experiencias. Desde aristócratas adinerados hasta aventureros audaces, cada uno aportó su propia perspectiva única al deporte, contribuyendo a su rico tapiz de historia y tradición.

A medida que las carreras de rally evolucionaron y se extendieron a nuevas regiones de todo el mundo, el espíritu de aventura y exploración que caracterizó sus primeros días siguió siendo un tema central. Desde los desiertos de África hasta la tundra helada de Escandinavia, los pilotos de rally se enfrentaron a un aluvión constante de desafíos que pusieron a prueba su coraje, habilidad y resistencia. Y a pesar de todo, forjaron un vínculo con sus máquinas y entre ellos que trascendió la mera competencia, creando una comunidad unida por un amor compartido por la aventura y la carretera.

En las décadas transcurridas desde esos humildes comienzos, las carreras de rally han pasado de ser una actividad de nicho a un fenómeno global, cautivando al público de todo el mundo con su mezcla de velocidad, habilidad y espectáculo. Sin embargo, en medio de todo el brillo y el glamour del automovilismo moderno, el espíritu de los pioneros de las carreras de rally sigue vivo, recordándonos los humildes orígenes de un deporte que continúa superando los límites de los logros humanos.

Eventos e hitos clave en el rally temprano

A medida que las carreras de rally ganaron impulso a principios del siglo XX, surgieron una serie de eventos e hitos clave que dieron forma a la trayectoria del deporte y establecieron su identidad única.

El más importante de estos hitos fue el inicio del Rally de Montecarlo en 1911. A diferencia de las carreras tradicionales que se celebran en circuitos cerrados, el Rally de Montecarlo introdujo un formato novedoso que puso a prueba no solo la velocidad de los pilotos, sino también sus habilidades de navegación y resistencia. Los participantes se embarcaron en sus viajes desde varios puntos de partida en toda Europa, convergiendo en Montecarlo después de atravesar cientos, y a veces miles, de kilómetros de terreno diverso. Este enfoque descentralizado de las carreras de rally sentó un precedente para eventos futuros, enfatizando la importancia de la estrategia y la adaptabilidad, además de la velocidad bruta.

La década de 1930 anunció la llegada de dos eventos icónicos que dejarían una huella indeleble en el deporte: el Rally de los 1000 Lagos en Finlandia (ahora conocido como Rally de Finlandia) y el Rally Alpino. El Rally de Finlandia, famoso por sus rápidas carreteras de grava y sus temerarios saltos, mostró los desafíos únicos que plantea el terreno accidentado de Finlandia, con pilotos que se precipitan a través de bosques y colinas a velocidades vertiginosas. Mientras tanto, el Rally Alpino, inaugurado en 1932, presentaba un conjunto de desafíos marcadamente diferentes, con sus puertos de montaña sinuosos y carreteras estrechas que exigían precisión y habilidad técnica de los competidores.

Estos eventos ejemplificaron la diversa gama de desafíos a los que se pueden enfrentar los pilotos de rally, desde las explosiones del Rally de Finlandia hasta los giros técnicos del Rally Alpino. Sin embargo, a pesar de sus diferencias, compartían un hilo común: un enfoque implacable en superar los límites tanto del hombre como de la máquina en busca de la victoria.

Además de estos eventos icónicos, las primeras décadas de las carreras de rally vieron avances significativos en tecnología y seguridad. Los sistemas de suspensión mejorados, los motores más potentes y los mejores neumáticos permitieron a los conductores enfrentarse a recorridos cada vez más exigentes con confianza, mientras que innovaciones como las jaulas antivuelco y los arneses de seguridad ayudaron a mitigar los riesgos inherentes a la conducción a alta velocidad.

En última instancia, los eventos e hitos clave de las primeras carreras de rally sentaron las bases para el atractivo duradero del deporte, mostrando la emoción de la velocidad, el desafío de la resistencia y el espíritu de aventura que continúan definiendo las carreras de rally hasta el día de hoy.

Evolución de los coches de rally en la primera mitad del siglo XX

En los primeros años de las carreras de rally, los competidores confiaban en coches de carretera modificados para navegar por el desafiante terreno de las etapas de rally. Estos coches de rally improvisados eran a menudo poco más que vehículos de serie con pequeñas modificaciones para mejorar la durabilidad y el rendimiento. Sin embargo, a medida que la popularidad de las carreras de rally se disparó, los fabricantes comenzaron a reconocer el potencial de marketing del éxito en el deporte, lo que provocó una ola de innovación en el diseño de automóviles.

Durante la década de 1950, marcas icónicas como Alfa Romeo, Volkswagen y Citroën surgieron como pioneras en el desarrollo de vehículos específicos para rallyes. Estos fabricantes invirtieron mucho en mejorar la durabilidad y el rendimiento de sus coches, centrándose en áreas clave como la suspensión, la fiabilidad del motor y la robustez general. El resultado fue una nueva generación de coches de rally construidos específicamente para hacer frente a las extenuantes demandas de las carreras de rally.

Los avances tecnológicos de esta época no solo mejoraron el rendimiento de los coches de rally, sino que también sentaron las bases para la profesionalización del deporte. Lo que una vez había sido una prueba de resistencia tanto para el automóvil como para el piloto comenzó a evolucionar hasta convertirse en un campo altamente competitivo, atrayendo a profesionales dedicados y equipos comprometidos con superar los límites de la ingeniería automotriz.

Este período fundacional estableció muchas de las características definitorias de las carreras de rally tal y como las conocemos hoy en día. Desde la diversa gama de rutas desafiantes hasta los roles cruciales desempeñados tanto por el conductor como por el navegante, los elementos que definen el deporte se forjaron en el crisol de la innovación y la competencia tempranas. Los pioneros de esta era no solo llevaron sus máquinas al límite, sino que también sentaron las bases para lo que se convertiría en uno de los deportes más emocionantes y duraderos del mundo.

Capítulo 2: La Era Dorada (1960-1980)

El auge de los pilotos legendarios y los coches icónicos

La década de 1960 marcó una época crucial en la evolución de las carreras de rally, a menudo considerada como su Edad de Oro. Fue una época de emoción e innovación sin precedentes, caracterizada por la aparición de pilotos legendarios y la introducción de autos icónicos que dejarían una marca indeleble en la historia del automovilismo.

En este período de transformación fueron fundamentales los propios pilotos, cuya habilidad, coraje y determinación capturaron la imaginación de los fanáticos de todo el mundo. Entre las figuras más célebres de la época se encontraba Paddy Hopkirk, cuya victoria en el Rally de Montecarlo de 1964 al volante de un Mini Cooper S sigue siendo uno de los momentos más icónicos del deporte. El triunfo de Hopkirk fue un triunfo de la habilidad y la estrategia sobre el poder puro, desafiando las probabilidades para asegurar la victoria contra competidores más grandes y poderosos.

El éxito de Hopkirk en el Mini Cooper S personificó el espíritu de las carreras de rally durante esta época, un deporte en el que la agilidad, la agilidad y la precisión a menudo resultaron más valiosas que la fuerza bruta. El tamaño compacto y el manejo excepcional del Mini lo hicieron ideal para las carreteras estrechas y sinuosas de las etapas de rally, lo que permitió a pilotos como Hopkirk extraer cada gramo de rendimiento de sus máquinas.

Sin embargo, aunque Hopkirk pudo haber sido el rostro de las carreras de rally en la década de 1960, no fue el único en sus logros. La era vio el surgimiento de una gran cantidad de otros pilotos legendarios, cada uno con sus propios talentos y contribuciones únicas al deporte. Desde el extravagante estilo de conducción del fenómeno finlandés Rauno Aaltonen hasta el genio táctico del genio sueco Erik Carlsson, la década de 1960 fue una época dorada de talento y diversidad en las carreras de rally.

Además de los propios pilotos, la década de 1960 también fue testigo de la introducción de una gran cantidad de autos icónicos que llegarían a definir la época. Junto con el Mini Cooper S, modelos como el Ford Cortina, el Lancia Fulvia y el Porsche 911 dejaron su huella en los escenarios de rally de todo el mundo, cada uno de los cuales contribuyó al rico tapiz de historia y tradición del deporte.

El Ford Cortina, con su potente motor y su robusta construcción, demostró ser un competidor formidable en manos de pilotos como Roger Clark y Vic Elford, mientras que el ágil manejo y el diseño innovador del Lancia Fulvia ayudaron a impulsar a pilotos como Sandro Munari y Timo Mäkinen a la victoria en numerosas ocasiones. Mientras tanto, el

Porsche 911, con su diseño de motor trasero y su impecable equilibrio, mostró el potencial de la ingeniería alemana en el mundo de las carreras de rally, ganando elogios para pilotos como Björn Waldegård y Vic Elford.

Juntos, estos legendarios pilotos y autos icónicos personificaron el espíritu de las carreras de rally en la década de 1960, un espíritu de innovación, determinación y pura audacia que continúa inspirando a fanáticos y competidores por igual hasta el día de hoy. Sus logros sentaron las bases para la era moderna de las carreras de rally, convirtiendo el deporte en el emocionante espectáculo que es hoy.

Innovaciones en tecnología de automóviles y tácticas de rally

La década de 1970 anunció un período de notable innovación y evolución en las carreras de rally, ya que tanto la tecnología de los automóviles como las tácticas de carrera experimentaron transformaciones significativas. Esta época fue testigo de la aparición de avances innovadores que cambiarían para siempre el panorama del deporte, preparando el escenario para la era moderna de las carreras de rally tal y como las conocemos hoy.

A la vanguardia de estas innovaciones se encontraba la innovadora introducción del Quattro por parte de Audi en 1980, un movimiento que revolucionaría el diseño de los coches de rally y redefiniría los parámetros de rendimiento en el escenario de rally. El pionero sistema de tracción en las cuatro ruedas del Quattro representó un cambio sísmico en la ingeniería automotriz, proporcionando capacidades de tracción y manejo sin precedentes que transformaron la forma en que los autos de rally abordaron el terreno variado y desafiante de las etapas de rally en todo el mundo.

Con su capacidad para entregar potencia a las cuatro ruedas simultáneamente, el Quattro ofrecía un nivel de agarre y estabilidad que antes había sido inimaginable en las carreras de rally. Esta nueva tracción permitió a los conductores superar los límites de velocidad y control con una confianza sin precedentes, lo que les permitió abordar curvas, saltos y condiciones adversas con mayor precisión y agresividad que nunca.

El impacto del sistema de tracción a las cuatro ruedas del Quattro fue profundo, estableciendo un nuevo estándar en el rendimiento de los coches de rally e impulsando a otros fabricantes a seguir su ejemplo en una carrera para desarrollar sus propios sistemas de tracción en las cuatro ruedas. Marcas como Lancia, Toyota y Subaru adoptaron rápidamente la tecnología, introduciendo sus propias iteraciones de coches de rally con tracción total que dominarían el deporte en los años venideros.

Junto con estos avances tecnológicos, las tácticas de rally también experimentaron una evolución significativa durante las décadas de 1970 y 1980. A medida que las etapas de rally se volvieron cada vez más complejas y exigentes, el papel del copiloto surgió como un componente crítico de un equipo de rally exitoso. Con recorridos que van desde la nieve y el hielo del Rally de Suecia hasta las condiciones polvorientas y agotadoras del Rally Safari en Kenia, la navegación y el cronometraje precisos se convirtieron en habilidades esenciales tanto para los pilotos como para los copilotos.

Trabajando en perfecta armonía, los pilotos y copilotos confiaron en notas meticulosamente preparadas y en una comunicación de fracciones de segundo para navegar por los giros y vueltas de las etapas del rally con la máxima eficiencia y el mínimo error. Cada curva, salto y peligro tenía que ser anticipado y comunicado con precisión, lo que requería un nivel de confianza y coordinación entre el piloto y el copiloto que rayaba en lo telepático.

En este entorno dinámico y exigente, la relación

entre piloto y copiloto se convirtió en una piedra angular de las carreras de rally, y el éxito en el escenario a menudo dependía de la fuerza de su asociación y la eficacia de su comunicación. Juntos, formaron un equipo formidable, una asociación simbiótica de habilidad, intuición y confianza, que personificó el espíritu de las carreras de rally durante esta era transformadora.

Las décadas de 1970 y 1980 fueron un momento decisivo en la historia de las carreras de rally, caracterizadas por innovaciones revolucionarias en la tecnología de los automóviles y las tácticas de carrera que continúan dando forma al deporte hasta el día de hoy. Desde el revolucionario sistema de tracción a las cuatro ruedas del Audi Quattro hasta la navegación de precisión y el trabajo en equipo de pilotos y copilotos en el escenario de rally, estos avances sentaron las bases para la era moderna de las carreras de rally, marcando el comienzo de una nueva era de velocidad, emoción y competencia en el escenario mundial.

Los grandes repuntes y su impacto global

El período que abarca desde la década de 1960 hasta la década de 1980 fue testigo de un cambio sísmico en el mundo de las carreras de rally, caracterizado por la expansión y profesionalización del deporte a escala mundial. Un elemento central de esta transformación fue el establecimiento del Campeonato Mundial de Rally (WRC) en 1973, un evento que alteraría para siempre el panorama de las carreras de rally y lo elevaría a nuevas alturas de prestigio y reconocimiento.

El WRC reunió una amplia gama de rallies icónicos de todo el mundo, creando una serie cohesiva que puso a prueba las habilidades y la resistencia de los pilotos en un espectro de terrenos globales. Desde las montañas nevadas de Montecarlo hasta las polvorientas sabanas de África, cada evento del campeonato presentó su propio conjunto único de desafíos y exigencias, llevando a los pilotos al límite y cautivando al público de todo el mundo con su drama y emoción.

Entre los eventos más famosos y venerados del calendario del WRC se encuentran el Rally de Montecarlo, el Rally Safari y el Rally Acrópolis. Estos rallyes, cada uno con sus propios desafíos y escenarios distintivos, se convirtieron en elementos fijos en el calendario de rallyes y desempeñaron un papel fundamental en la configuración de la identidad global del deporte.

El Rally de Montecarlo, con sus traicioneros puertos de montaña y sus impredecibles condiciones meteorológicas, era famoso por su complejidad técnica y la habilidad necesaria para navegar por sus sinuosas carreteras. El Rally Safari, celebrado en Kenia, presentó un conjunto de desafíos completamente diferente, con su terreno agotador y su calor castigador que llevó tanto a los pilotos como a las máquinas a sus límites. Mientras tanto, el Rally Acrópolis, con el telón de fondo de las antiguas ruinas griegas y paisajes escarpados, puso a prueba la resistencia y la resistencia de los pilotos con sus etapas rocosas e implacables.

Juntos, estos icónicos rallies formaron la columna vertebral del WRC, mostrando la diversidad y riqueza de las carreras de rally en un escenario global. Se convirtieron en sinónimo de aventura, emoción y búsqueda de la excelencia, capturando la imaginación de aficionados y pilotos por igual y consolidando el estatus de las carreras de rally como una de las disciplinas de automovilismo más emocionantes y prestigiosas del mundo.

El impacto de estos grandes mítines se extendió mucho más allá de los confines del hipódromo, dejando una marca indeleble en las comunidades y regiones que los acogieron. Desde el impulso económico proporcionado por el turismo y la hospitalidad hasta el intercambio cultural facilitado por la afluencia de visitantes internacionales, estos eventos reunieron a personas de todos los ámbitos de la vida y fomentaron un sentido de camaradería y unidad que trascendió fronteras y límites.

Los principales rallies de las décadas de 1960 a 1980 desempeñaron un papel fundamental en la configuración del impacto global de las carreras de rally, elevando el deporte a nuevas alturas de popularidad, prestigio y reconocimiento. Desde los picos nevados de Montecarlo hasta las llanuras soleadas de África, estos eventos icónicos capturaron el espíritu de aventura y competencia que define las carreras de rally, dejando un legado duradero que continúa inspirando y cautivando al público de todo el mundo hasta el día de hoy.

La evolución del reglamento de los rallyes

A medida que las carreras de rally aumentaron en popularidad y expandieron su alcance en todo el mundo, la necesidad de regulaciones estandarizadas se hizo cada vez más evidente. En respuesta a esta creciente necesidad, la Federación Internacional del Automóvil (FIA) introdujo las regulaciones del Grupo B a principios de la década de 1980, una era que alteraría para siempre el curso de las carreras de rally y dejaría una marca indeleble en la historia del deporte.

Las regulaciones del Grupo B representaron una desviación de las reglas más restrictivas de épocas anteriores, permitiendo tiradas de producción mínimas y restricciones limitadas en tecnología y diseño. Esta nueva libertad desató una ola de innovación y experimentación, lo que dio lugar a la creación de algunos de los coches de rally más potentes y tecnológicamente sofisticados jamás vistos. Los fabricantes aprovecharon la oportunidad para ampliar los límites de la ingeniería automotriz, produciendo máquinas capaces de alcanzar velocidades vertiginosas y un rendimiento sin precedentes en el escenario de los rallyes.

Sin embargo, la potencia y la velocidad sin precedentes de los autos del Grupo B tuvieron un costo, uno que finalmente resultaría devastador. A medida que crecía el espectáculo de las carreras de rally y aumentaba el número de espectadores, también lo hacían los peligros inherentes al deporte. Los accidentes trágicos se volvieron demasiado comunes, ya que los conductores se esforzaron a sí mismos y a sus máquinas al límite en busca de la victoria.

La culminación de estas preocupaciones de seguridad llegó a un punto crítico en 1986, con la trágica muerte de varios espectadores en el rally Tour de Corse en Córcega. A raíz de esta tragedia, la FIA tomó la difícil decisión de prohibir los coches del Grupo B de la competición, una medida que conmocionó a la comunidad de rallyes y marcó el final de una era.

La desaparición del Grupo B anunció un cambio significativo en las carreras de rally, ya que el deporte cambió su enfoque de la potencia bruta y el espectáculo a la seguridad y la sostenibilidad. Se introdujeron nuevas regulaciones para limitar la velocidad y el rendimiento de los autos de rally, enfatizando la importancia de la seguridad del conductor y la responsabilidad ambiental.

Sin embargo, a pesar del trágico final del Grupo B, su legado sigue vivo en los anales de la historia de las carreras de rally. La Era Dorada de las carreras de rally dejó una marca indeleble en el deporte, caracterizada por un espectacular progreso tecnológico, el surgimiento de figuras legendarias y la consolidación de las carreras de rally como una competencia internacional prestigiosa y desafiante.

Las innovaciones y desarrollos de esta era continúan influyendo en las estrategias y diseños de las carreras de rally en la actualidad, sirviendo como un recordatorio del legado duradero del Grupo B y la resiliencia del deporte frente a la adversidad. A medida que las carreras de rally continúan evolucionando y adaptándose a nuevos desafíos, siguen arraigadas en el espíritu de innovación y competencia que definió su Era Dorada, un testimonio del encanto y la emoción duraderos de uno de los deportes de motor más emocionantes del mundo.

Capítulo 3: La Era Moderna (1990-2000)

La introducción de nuevas clases y formatos

A medida que las carreras de rally navegaban por las tumultuosas secuelas de la era del Grupo B, el deporte experimentó un período de introspección y transformación, que culminó con la introducción de nuevas clases y formatos diseñados para garantizar su viabilidad y seguridad continuas en la era moderna.

Un elemento central de esta evolución fue la introducción de clases más controladas, en particular el Grupo A y las especificaciones posteriores del World Rally Car (WRC). Estos cambios nacieron del reconocimiento de que la potencia y la velocidad desenfrenadas del Grupo B habían tenido un alto costo, y que era necesario tomar medidas para reinar en los excesos del pasado mientras se preservaba la esencia competitiva de las carreras de rally.

Las regulaciones del Grupo A representaron un regreso a un enfoque más mesurado y controlado para el diseño y la construcción de autos de rally. A diferencia de las restricciones mínimas del Grupo B, el Grupo A requería que los fabricantes produjeran un mayor número de versiones de carretera de sus autos de carreras, asegurando que los vehículos que competían en el escenario del rally estuvieran más estrechamente relacionados con lo que los fanáticos realmente podían comprar y conducir. Este movimiento no solo ayudó a nivelar el campo de juego al reducir la influencia de los equipos respaldados por fábricas, sino que también sirvió para mejorar la conexión entre los autos de rally y sus contrapartes de carretera, fomentando una sensación de identificación y accesibilidad para los fanáticos.

Además de la introducción de las regulaciones del

Grupo A, a mediados de la década de 1990 se produjo la llegada de la clase World Rally Car (WRC), un movimiento que daría forma a la trayectoria de las carreras de rally en la era moderna. La clase WRC tenía como objetivo lograr un delicado equilibrio entre la libertad técnica y el control reglamentario, lo que permite una mayor innovación y desarrollo en áreas como la suspensión, la aerodinámica y la tecnología del tren motriz, al tiempo que impone controles más estrictos sobre las salidas de potencia para evitar un regreso a los excesos de la era del Grupo B.

Estas nuevas clases y formatos marcaron un momento crucial en la evolución de las carreras de rally, señalando un cambio hacia un enfoque de la competición más sostenible y consciente de la seguridad, al tiempo que preservan el espíritu de innovación y competición que define el deporte. Al lograr un equilibrio entre la libertad técnica y el control reglamentario, los organizadores del rally y los órganos rectores pudieron garantizar que el deporte siguiera siendo emocionante, competitivo y accesible para los aficionados de todo el mundo.

La introducción de nuevas clases y formatos en las carreras de rally representa un capítulo crucial en la evolución continua del deporte, que refleja un compromiso con la seguridad, la sostenibilidad y la preservación de la esencia competitiva que ha hecho de las carreras de rally uno de los deportes de motor más emocionantes y duraderos del mundo. A medida que las carreras de rally continúan adaptándose e innovando en respuesta a nuevos desafíos y oportunidades, siguen arraigadas en el espíritu de aventura, competencia y camaradería que las ha definido desde sus primeros días.

Avances tecnológicos en seguridad y rendimiento

Las décadas de 1990 y 2000 marcaron un punto de

inflexión en la historia de las carreras de rally, caracterizado por avances significativos tanto en seguridad como en el rendimiento del vehículo que cambiarían para siempre el panorama del deporte.

Tras los trágicos acontecimientos de la era del Grupo B, en los que se produjeron una serie de accidentes mortales y se plantearon serias preocupaciones sobre la seguridad tanto de los pilotos como de los espectadores, la comunidad de rallyes se embarcó en un esfuerzo concertado para priorizar la seguridad por encima de todo. Este cambio de enfoque condujo al desarrollo e implementación de una serie de tecnologías y medidas de seguridad innovadoras destinadas a minimizar el riesgo de lesiones graves en caso de accidente.

Un elemento central de estos avances fueron las mejoras en la construcción y el diseño de los vehículos, incluida la introducción de jaulas antivuelco más fuertes y rígidas, mejores arneses de asiento y el dispositivo pionero de soporte para la cabeza y el cuello (HANS). Estas innovaciones ayudaron a mitigar las fuerzas experimentadas por los conductores durante los impactos a alta velocidad, reduciendo la probabilidad de lesiones en la cabeza y el cuello, una consecuencia común y potencialmente catastrófica de los choques violentos.

Además de estas mejoras de seguridad, las décadas de 1990 y 2000 también vieron avances significativos en el rendimiento de los vehículos, ya que los fabricantes centraron sus esfuerzos en refinar el manejo y la confiabilidad de los autos de rally a través de la innovación tecnológica. Uno de los avances más notables en este sentido fue el desarrollo de diferenciales activos y sofisticados sistemas de tracción total, que permitieron a los conductores administrar la entrega de potencia de manera más efectiva en diversos terrenos y condiciones de conducción.

Los diferenciales activos, en particular, representaron un gran avance en la tecnología de los coches de rally, permitiendo a los conductores controlar con precisión la distribución de la potencia entre los ejes delantero y trasero, así como entre las ruedas individuales. Este nivel mejorado de control no solo mejoró la tracción y la estabilidad en superficies sueltas como grava y nieve, sino que también permitió a los pilotos mantener velocidades más altas en las curvas y secciones técnicas de la etapa de rally.

Del mismo modo, los avances en los sistemas de tracción total, incluida la introducción de diferenciales controlados electrónicamente y la tecnología de vectorización de par, mejoraron aún más el rendimiento y la agilidad de los coches de rally, lo que les permitió abordar una gama más amplia de terrenos y condiciones de conducción con confianza y precisión.

Las décadas de 1990 y 2000 fueron un período

transformador en la evolución de las carreras de rally, marcado por avances significativos tanto en seguridad como en rendimiento que remodelaron el deporte de manera profunda y duradera. Desde la introducción de tecnologías de seguridad innovadoras destinadas a proteger a los conductores y espectadores hasta el desarrollo de sofisticados sistemas de vehículos diseñados para maximizar la tracción y el control, estos avances allanaron el camino para una nueva era de emoción, competitividad e innovación en las carreras de rally. A medida que el deporte continúa evolucionando y ampliando los límites de lo que es posible, el legado de estos avances tecnológicos sigue siendo un testimonio del implacable espíritu de progreso e innovación que define las carreras de rally en su núcleo.

El auge de los patrocinios comerciales y la cobertura mediática

El período que abarca desde finales del siglo XX y principios del siglo XXI fue testigo de un cambio sísmico en el mundo de las carreras de rally, ya que el deporte experimentó una transformación dramática de una búsqueda de nicho a un fenómeno global, impulsado en gran parte por el aumento de los patrocinios comerciales y la cobertura de los medios de comunicación.

Un elemento central de esta transformación fue la aparición de la televisión como un poderoso medio para transmitir los eventos de los rallyes a una audiencia global. Con la llegada de los programas de televisión dedicados y las posteriores transmisiones por Internet, los fanáticos de todo el mundo pudieron experimentar la emoción y el drama de las carreras de rally de primera mano, desde la comodidad de sus propios hogares.

Rallyes icónicos como el Rally de Montecarlo, el Rally Safari y el Rally Acrópolis se convirtieron en elementos fijos del calendario deportivo, cautivando al público con sus impresionantes paisajes, sus atrevidos pilotos y su trepidante acción.

La proliferación de la cobertura mediática también tuvo profundas implicaciones para el panorama comercial de las carreras de rally, ya que tanto las empresas automotrices como las marcas no automotrices clamaron por alinearse con la creciente popularidad del deporte. Los fabricantes de automóviles vieron las carreras de rally como una oportunidad para mostrar su destreza en ingeniería y promover sus modelos de consumo, aprovechando los patrocinios y los acuerdos publicitarios para llegar a nuevas audiencias y reforzar su imagen de marca.

Además de los patrocinadores automotrices, las marcas no automotrices también reconocieron el potencial de las carreras de rally como plataforma para promocionar sus productos y servicios. Empresas de una amplia gama de industrias, incluidas las telecomunicaciones, la energía y los bienes de consumo, acudieron en masa para patrocinar equipos y eventos de rally, aportando fondos y recursos adicionales al deporte y aumentando la calidad y la escala general de las competiciones.

El aumento de los patrocinios comerciales y la cobertura de los medios de comunicación transformaron a los pilotos de rally en estrellas deportivas internacionales, elevándolos al estatus de celebridades y atrayendo lucrativos acuerdos de patrocinio y contratos de patrocinio. Pilotos como Colin McRae, Tommi Mäkinen y Sébastien Loeb se convirtieron en nombres muy conocidos, sus hazañas en el escenario de rally capturaron la imaginación de los aficionados de todo el mundo e inspiraron a una nueva generación de aspirantes a corredores de rally.

El aumento de los patrocinios comerciales y la cobertura de los medios de comunicación marcaron un punto de inflexión en la historia de las carreras de rally, impulsando el deporte a nuevas cotas de popularidad, prestigio y éxito comercial. Desde el alcance global de las transmisiones televisivas hasta los lucrativos acuerdos de patrocinio y los contratos de patrocinio que transformaron a los pilotos de rally en íconos internacionales, esta era representó una edad de oro de oportunidades y crecimiento para las carreras de rally, consolidando su estatus como uno de los deportes de motor más emocionantes y dinámicos del mundo.

Expansión global y cambios culturales

La globalización de las carreras de rally a finales del siglo XX y principios del XXI marcó un período transformador en la historia del deporte, ya que amplió su alcance a nuevos mercados y audiencias en todo el mundo. En este período, las carreras de rally surgieron como un fenómeno verdaderamente global, con eventos que tuvieron lugar en todos los continentes y atrajeron a una amplia gama de fanáticos y participantes de todos los ámbitos de la vida.

Uno de los aspectos más significativos de esta expansión global fue la penetración del deporte en nuevos mercados en Asia y América del Sur. Países como Japón, con su rica herencia automotriz y su próspera industria manufacturera, surgieron como puntos calientes para los rallyes, produciendo fabricantes icónicos como Subaru y Mitsubishi que alcanzarían el éxito en el escenario mundial. La popularidad de las carreras de rally en Japón fomentó una vibrante cultura de aficionados, con entusiastas que se reunían para animar a sus pilotos y equipos favoritos en eventos como el Rally de Japón, un testimonio del atractivo universal del deporte y su capacidad para trascender las fronteras culturales.

Además de Japón, otros países de Asia y América

del Sur también abrazaron las carreras de rally con entusiasmo, organizando eventos que mostraron los diversos paisajes y climas de la región. Desde los escarpados puertos de montaña de Argentina hasta los polvorientos desiertos de Chile, estas nuevas incorporaciones al calendario del Campeonato del Mundo de Rallyes proporcionaron a los competidores una gama más amplia de desafíos y oportunidades, poniendo a prueba sus habilidades y resistencia en una variedad de terrenos y condiciones de conducción.

La globalización de las carreras de rally también provocó importantes cambios culturales dentro del deporte, ya que se volvió cada vez más diverso e inclusivo. La afluencia de nuevos mercados y participantes aportó nuevas perspectivas y tradiciones al mundo de las carreras de rally, enriqueciendo el tapiz del deporte y ampliando su atractivo para los aficionados de todos los orígenes.

Además, la expansión de las carreras de rally a

nuevos mercados proporcionó beneficios económicos y sociales a los países anfitriones, generando ingresos por turismo, promoviendo las empresas locales y mostrando la belleza natural y el patrimonio cultural de la región a una audiencia global.

La expansión global de las carreras de rally a finales del siglo XX y principios del XXI marcó un momento crucial en la evolución del deporte, ya que llegó a nuevos mercados y audiencias en todo el mundo, fomentando un espíritu de inclusión, diversidad y emoción que continúa definiendo las carreras de rally hasta el día de hoy. Desde las bulliciosas calles de Tokio hasta los rincones remotos de la Patagonia, las carreras de rally han capturado los corazones y la imaginación de los fanáticos de todo el mundo, uniendo a personas de todos los ámbitos de la vida en su pasión compartida por la velocidad, la aventura y la competencia.

Desafíos y triunfos en las carreras de rally

A pesar de su creciente popularidad y expansión global, las carreras de rally se enfrentaron a una gran cantidad de desafíos a finales del siglo XX y principios del XXI, que van desde las preocupaciones ambientales hasta la necesidad de mejorar las medidas de seguridad de los espectadores. Estos desafíos llevaron a la comunidad de rallyes a emprender una reevaluación estratégica de cómo se organizaban y gestionaban los eventos, lo que llevó a un enfoque renovado en la seguridad sin comprometer la emoción y la emoción inherentes al deporte.

Uno de los retos más acuciantes a los que se enfrentaban las carreras de rally era el impacto medioambiental de este deporte, especialmente en las zonas ecológicamente sensibles donde se celebraban los eventos. El ruido, las emisiones y las interrupciones causadas por las manifestaciones generaron preocupación entre los activistas ambientales y las comunidades locales, lo que provocó llamados a una mayor sostenibilidad y responsabilidad ambiental por parte de los organizadores y participantes de las manifestaciones.

Además de las preocupaciones ambientales, las carreras de rally también lidiaron con el problema de la seguridad de los espectadores, particularmente a la luz de varios accidentes de alto perfil durante eventos muy concurridos. Las trágicas muertes de espectadores en rallyes como el Tour de Córcega en Córcega sirvieron como una llamada de atención para la comunidad de rallyes, lo que provocó un esfuerzo concertado para implementar medidas y protocolos de seguridad más estrictos para proteger tanto a los espectadores como a los participantes.

En respuesta a estos desafíos, los organizadores del rally adoptaron un enfoque más proactivo para la gestión del evento, implementando medidas como el acceso controlado a secciones peligrosas de la ruta del rally, barreras de seguridad mejoradas para los espectadores y una mejor coordinación con las autoridades locales para garantizar el buen funcionamiento y seguro de los eventos.

A pesar de estos desafíos, finales de la década de 1990 y principios de la de 2000 también fueron un período de triunfo y consolidación para las carreras de rally. El deporte maduró hasta convertirse en una competición mundial bien regulada, caracterizada por un mayor énfasis en la seguridad, el profesionalismo y la innovación tecnológica. En este período se introdujeron reglamentos y normas más estrictos destinados a mejorar la seguridad y la competencia leal, al tiempo que se fomentaba un espíritu de camaradería y deportividad entre los competidores.

Al mismo tiempo, las carreras de rally conservaron su atractivo principal, el desafío extremo del hombre y la máquina contra los elementos, ahora mejorado por la sofisticación tecnológica y un amplio alcance internacional. Rallyes icónicos como el Rally de Montecarlo y el Rally Safari continuaron cautivando al público con sus impresionantes paisajes y extenuantes desafíos, mientras que los nuevos eventos agregados al calendario del Campeonato Mundial de Rally ampliaron aún más la huella y el atractivo global del deporte.

De cara al futuro, las carreras de rally están preparadas para aceptar nuevos desafíos y oportunidades, incluida la integración de tecnologías híbridas y nuevas expansiones en los mercados emergentes. Con su rica historia, su apasionada base de aficionados y su inquebrantable espíritu de aventura y competición, las carreras de rally siguen inspirando y cautivando al público de todo el mundo, demostrando ser uno de los deportes de motor más emocionantes y duraderos de nuestro tiempo.

Capítulo 4: El siglo XXI (2010-presente)

La revolución híbrida en los coches de rally

El siglo XXI ha traído consigo un cambio sísmico en el mundo de las carreras de rally, ya que el deporte adopta la sostenibilidad y la tecnología híbrida como medio para impulsarse hacia un futuro más consciente del medio ambiente. A la vanguardia de esta revolución se encuentra la introducción del reglamento Rally1 por parte de la Federación Internacional del Automóvil (FIA) en 2022, un momento histórico que significa un gran paso adelante en la evolución de las carreras de rally.

El reglamento de Rally1 representa una audaz desviación de la tradición, incorporando unidades de potencia híbridas en la clase superior del Campeonato del Mundo de Rallyes (WRC) y allanando el camino para una nueva era de rendimiento e innovación en el escenario de rally. Al combinar motores de combustión interna con motores eléctricos y baterías, los sistemas híbridos ofrecen una serie de beneficios que van mucho más allá de la mera sostenibilidad ambiental.

En esencia, los sistemas híbridos en los autos de rally están diseñados para reducir las emisiones y minimizar la huella de carbono del deporte, una consideración crucial en una era definida por la creciente preocupación por el cambio climático y la degradación ambiental. Al aprovechar la potencia de la propulsión eléctrica junto con los motores de combustión tradicionales, los coches de rally equipados con sistemas híbridos pueden funcionar de forma más eficiente y producir menos emisiones nocivas, lo que los convierte en una alternativa más ecológica y sostenible que sus homólogos convencionales.

Pero los beneficios de la tecnología híbrida van más

allá de las consideraciones ambientales. Además de reducir las emisiones, los sistemas híbridos también ofrecen ventajas de rendimiento que mejoran la experiencia de conducción general y la competitividad de las carreras de rally. Al aprovechar el par y la aceleración instantáneos proporcionados por los motores eléctricos, los coches de rally híbridos son capaces de ofrecer una aceleración vertiginosa y una entrega de potencia receptiva, lo que brinda a los conductores una nueva ventaja en el escenario de rally.

Esta combinación de sostenibilidad ambiental y rendimiento mejorado representa un cambio de paradigma en el mundo de las carreras de rally, ya que el deporte adopta nuevas tecnologías y enfoques para enfrentar los desafíos del siglo XXI. Con los sistemas híbridos a punto de ser cada vez más frecuentes en los coches de rally del futuro, el deporte está bien posicionado para continuar su legado de emoción, innovación y competición, al tiempo que desempeña un papel de liderazgo en la transición global hacia un futuro más sostenible y respetuoso con el medio ambiente.

La revolución híbrida en los coches de rally representa un momento crucial en la historia del deporte, ya que las carreras de rally adoptan la sostenibilidad y la innovación en busca de un futuro más brillante y ecológico. Con la introducción de las regulaciones de Rally1 y la integración de la tecnología híbrida en los niveles más altos del deporte, las carreras de rally están preparadas para permanecer a la vanguardia de la innovación en el automovilismo, inspirando a pilotos, fanáticos y fabricantes por igual con su inquebrantable espíritu de aventura y compromiso con la excelencia.

Rally en la era de los medios digitales y las audiencias globales

En el panorama en constante evolución de la tecnología digital, las carreras de rally han aprovechado las oportunidades que presenta la era digital para conectarse con los fanáticos y el público a una escala global como nunca antes. A medida que las plataformas de redes sociales, los servicios de transmisión de video bajo demanda y la interactividad digital continúan evolucionando, las carreras de rally han experimentado una profunda transformación, y los fanáticos ahora pueden interactuar con el deporte de formas nuevas e inmersivas.

En el corazón de esta revolución digital se encuentra el acceso sin precedentes que los aficionados tienen ahora al contenido y la cobertura de las carreras de rally. Las plataformas de redes sociales como Twitter, Facebook e Instagram se han convertido en herramientas invaluables para que los fanáticos se mantengan actualizados sobre las últimas noticias, resultados e información detrás de escena de sus equipos y pilotos favoritos. Estas plataformas permiten a los aficionados interactuar directamente con pilotos y equipos, compartiendo su pasión por el deporte y forjando conexiones con otros entusiastas de todo el mundo.

Además de las redes sociales, los servicios de transmisión de video bajo demanda han revolucionado la forma en que los fanáticos consumen contenido de carreras de rally. Plataformas como YouTube y WRC+ ofrecen a los aficionados acceso a retransmisiones en directo, resúmenes y repeticiones a la carta de los eventos de rally, lo que les permite ver cómo se desarrolla la acción en tiempo real o ponerse al día con las carreras perdidas cuando les convenga. Esta flexibilidad ha permitido a los aficionados adaptar su experiencia de visualización de rallyes a sus propias preferencias, mejorando su compromiso con el deporte y profundizando su conexión con sus pilotos y equipos.

Pero quizás el aspecto más transformador de la era digital para las carreras de rally es el advenimiento de una interactividad digital mejorada. Con los avances en la tecnología de seguimiento y análisis de datos, los equipos de rally ahora pueden recopilar y analizar datos en tiempo real de sus autos y pilotos, proporcionando información invaluable que puede informar las estrategias del equipo y mejorar el rendimiento en el escenario de rally. Desde los datos de telemetría hasta el seguimiento por GPS, esta gran cantidad de información permite a los equipos tomar decisiones más informadas y optimizar sus tácticas en busca de la victoria.

Los organizadores del rally también han adoptado la tecnología digital para ampliar su alcance y atraer a una audiencia global. La transmisión en vivo de los eventos del rally, los mapas interactivos y el análisis en profundidad brindan a los fanáticos una experiencia de visualización más completa e inmersiva, lo que les permite sentirse más cerca de la acción independientemente de su ubicación. Esta mayor accesibilidad ha ayudado a las carreras de rally a atraer a nuevos aficionados y audiencias de todo el mundo, consolidando aún más su estatus como uno de los deportes de motor más emocionantes y dinámicos del planeta.

Los rallyes en la era de los medios digitales y las audiencias globales representan un nuevo y emocionante capítulo en la historia del deporte, ya que las carreras de rally aprovechan el poder de la tecnología digital para interactuar con los aficionados y el público de formas innovadoras e inmersivas. Desde las interacciones en las redes sociales hasta la transmisión bajo demanda y la interactividad digital mejorada, las carreras de rally han aprovechado las oportunidades que presenta la era digital para conectarse con los fanáticos a un nivel más profundo y compartir la emoción y la emoción del deporte con una audiencia verdaderamente global. A medida que la tecnología digital continúa evolucionando, el futuro de las carreras de rally parece más brillante que nunca, con infinitas posibilidades de crecimiento, innovación y emoción en el horizonte.

Retos y oportunidades actuales en las carreras de rally

En el siglo XXI, las carreras de rally se encuentran en una encrucijada, enfrentándose a una serie de desafíos y oportunidades complejos que darán forma al futuro del deporte de manera profunda. Si bien los avances tecnológicos y el aumento del interés mundial han impulsado las carreras de rally a nuevas alturas de popularidad y emoción, el deporte también debe enfrentar una serie de problemas apremiantes que amenazan con socavar su éxito y relevancia continuos en la era moderna.

Uno de los retos más importantes a los que se enfrentan las carreras de rally hoy en día es la necesidad de navegar por el complejo panorama de las regulaciones medioambientales y las preocupaciones por la sostenibilidad. A medida que la comunidad mundial se enfrenta a la urgente necesidad de abordar el cambio climático y reducir las emisiones de carbono, las carreras de rally deben encontrar formas de equilibrar la emoción de los deportes de motor con prácticas sostenibles que minimicen la huella ambiental del deporte. Esto incluye la exploración de combustibles alternativos, la promoción de la eficiencia energética y la adopción de tecnologías ecológicas que reduzcan las emisiones y promuevan la gestión ambiental.

Además de las consideraciones medioambientales, garantizar la seguridad tanto de los competidores como de los espectadores sigue siendo una preocupación primordial para los organizadores de los rallyes y los órganos rectores. A pesar de los avances significativos en la tecnología y las regulaciones de seguridad, los riesgos inherentes a las carreras de alta velocidad en terrenos desafiantes exigen una vigilancia constante y medidas proactivas para mitigar los peligros potenciales. Esto incluye la implementación de estrictos protocolos de seguridad, la mejora del diseño de la pista y el área de espectadores, y la inversión en investigación y desarrollo de seguridad continua para prevenir accidentes y minimizar su impacto cuando ocurren.

En el frente económico, las carreras de rally se enfrentan tanto a desafíos como a oportunidades en el competitivo mercado global. A medida que los dólares de patrocinio global son cada vez más buscados por una amplia gama de propiedades deportivas y de entretenimiento, los rallies deben innovar para atraer y retener patrocinadores y audiencias en un panorama cada vez más concurrido y competitivo. Esta presión económica sirve como fuerza impulsora de los avances tecnológicos y empuja al deporte a nuevos mercados y formatos, como las experiencias de realidad virtual y aumentada, que tienen el potencial de redefinir la interacción del espectador con el deporte y mejorar la experiencia general de los aficionados.

A pesar de estos desafíos, las carreras de rally

también presentan una gran cantidad de oportunidades para el crecimiento y la innovación en el siglo XXI. El atractivo global y la rica herencia del deporte lo convierten en una plataforma atractiva para las marcas y los patrocinadores que buscan conectarse con audiencias de todo el mundo, mientras que los avances en la tecnología digital y los medios ofrecen nuevas vías para el compromiso y la monetización. Al adoptar la sostenibilidad, la seguridad y la innovación, las carreras de rally pueden seguir prosperando y evolucionando en los próximos años, cautivando al público con su mezcla única de emoción, adrenalina y aventura.

El futuro de las carreras de rally

A medida que las carreras de rally miran hacia el futuro, se encuentran en la cúspide de una transformación e innovación sin precedentes, preparadas para adoptar nuevas tecnologías y explorar nuevas fronteras en busca de la excelencia y la emoción en el escenario de rally. Desde la tecnología autónoma hasta los vehículos eléctricos (EV) y más allá, el futuro de las carreras de rally promete estar definido por la experimentación audaz, los avances innovadores y la competencia emocionante.

Una de las posibilidades más intrigantes para el futuro de las carreras de rally es la integración de la tecnología autónoma en los coches de rally. Aunque todavía está en pañales, la tecnología autónoma tiene el potencial de revolucionar el deporte al mejorar la seguridad y el rendimiento del vehículo sin disminuir el papel esencial del conductor. En lugar de reemplazar a los conductores humanos, los sistemas autónomos podrían trabajar en conjunto con conductores expertos para optimizar el control y la navegación del vehículo, lo que permite velocidades más rápidas, curvas más suaves y maniobras más precisas en el escenario del rally.

Además de la tecnología autónoma, es probable que el futuro de las carreras de rally vea un mayor énfasis en los vehículos eléctricos (EV) a medida que los fabricantes amplían los límites de la tecnología EV en entornos de carreras hostiles. A medida que la tecnología de los vehículos eléctricos sigue evolucionando y mejorando, podemos esperar ver más coches de rally eléctricos compitiendo en el escenario mundial, impulsados por los avances en la tecnología de las baterías, la infraestructura de carga y las capacidades de rendimiento. Este cambio hacia la electrificación no solo se alinea con tendencias más amplias hacia la sostenibilidad y la conciencia ambiental, sino que también presenta interesantes oportunidades para la innovación y la competencia en el mundo de las carreras de rally.

Además, el futuro de las carreras de rally también puede hacer que el deporte se expanda a nuevas regiones y explore formatos alternativos, como los eventos de rally urbanos. Al llevar la emoción de las carreras de rally a entornos urbanos, los organizadores pueden atraer a audiencias más diversas y aumentar la huella e influencia global del deporte. Esta expansión a nuevos mercados y formatos no solo promete mantener las carreras de rally emocionantes y relevantes, sino que también lo posiciona como líder en la evolución sostenible de los deportes de motor, lo que demuestra el compromiso del deporte con la innovación, la inclusión y la gestión ambiental.

El futuro de las carreras de rally está lleno de posibilidades ilimitadas y oportunidades de crecimiento y evolución. Desde la tecnología autónoma y los vehículos eléctricos hasta los eventos urbanos y la expansión global, las carreras de rally continúan superando los límites de lo que es posible, cautivando al público con su combinación de velocidad, habilidad y emoción. A medida que el deporte mira hacia los desafíos y oportunidades del siglo XXI, sigue siendo un brillante ejemplo del ingenio humano, la perseverancia y la pasión por la competencia de alta velocidad en el escenario mundial.

Capítulo 5: Mítines icónicos en todo el mundo

Rally de Montecarlo: la joya de la corona

El Rally de Montecarlo se erige como un icono atemporal en el mundo de las carreras de rally, venerado por su rica historia, sus impresionantes paisajes y sus desafíos sin igual. Como uno de los eventos más antiguos y prestigiosos del calendario de rallyes, el Rally de Montecarlo ha sido una característica definitoria del Campeonato Mundial de Rallyes (WRC) desde sus inicios, cautivando a pilotos y aficionados por igual con su mezcla única de glamour, emoción y acción llena de adrenalina.

Con el telón de fondo de la pintoresca Riviera francesa, el Rally de Montecarlo es famoso por su entorno glamuroso y sus condiciones desafiantes, que llevan a los conductores al límite de su habilidad y resistencia. Desde puertos de montaña helados hasta sinuosas carreteras costeras, el diverso terreno del rally exige versatilidad, precisión y adaptabilidad de los competidores, que deben navegar por una mezcla traicionera de nieve, hielo y, a veces, etapas de asfalto seco con un enfoque y una determinación inquebrantables.

En el corazón del encanto del Rally de Montecarlo se encuentran sus famosas "etapas nocturnas", que serpentean a través de los majestuosos Alpes al amparo de la oscuridad, presentando a los pilotos una formidable variedad de obstáculos y desafíos. Traicioneros parches de hielo negro acechan en cada esquina, poniendo a prueba los nervios y reflejos incluso de los competidores más experimentados, mientras que las condiciones climáticas siempre cambiantes agregan un elemento impredecible a los procedimientos, lo que requiere decisiones en fracciones de segundo y una ejecución impecable tanto de los pilotos como de los copilotos.

Pero no son solo los desafíos físicos del Rally de Montecarlo lo que lo hace tan legendario; También son los aspectos mentales y estratégicos de la carrera los que la diferencian de sus pares. Dado que la elección de los neumáticos desempeña un papel crucial en la determinación del éxito o el fracaso, los conductores deben evaluar cuidadosamente las condiciones y tomar decisiones en fracciones de segundo sobre qué neumáticos usar, equilibrando la necesidad de agarre y tracción con el deseo de mantener la velocidad y el impulso.

En este sentido, el Rally de Montecarlo encarna la esencia de las carreras de rally clásicas, donde la victoria no se trata solo de velocidad y potencia brutas, sino de estrategia, adaptabilidad y pura determinación. Es una prueba de habilidad, coraje y resistencia, donde el error más pequeño puede significar un desastre y la maniobra más audaz puede conducir a la gloria.

Como la joya de la corona del calendario de rallyes,

el Rally de Montecarlo sigue cautivando al público con su mezcla de elegancia y emoción, tradición e innovación. Con cada año que pasa, el rally reafirma su estatus como un icono atemporal del automovilismo, un testimonio del atractivo duradero de la competencia de alta velocidad y el espíritu indomable de aquellos que se atreven a perseguir sus sueños en las etapas más desafiantes del mundo.

Safari Rally: Rally en la naturaleza

El Rally Safari, un evento legendario en el mundo de las carreras de rally, ocupa un lugar especial en los corazones de los pilotos y aficionados por igual. Revivido en el calendario del Campeonato Mundial de Rallyes (WRC) en 2021 después de casi dos décadas, el Rally Safari de Kenia es famoso por su terreno accidentado, sus condiciones extremas y sus aventuras salvajes que llevan a los coches y a los pilotos al límite como ningún otro rally del planeta.

Cargado de historia y tradición, el Safari Rally es

una verdadera prueba de resistencia, donde la supervivencia a menudo tiene prioridad sobre la velocidad. A diferencia de otros rallyes que priorizan el ritmo absoluto, el Safari Rally exige un conjunto diferente de habilidades y estrategias, con largas distancias cubiertas en etapas agotadoras que atraviesan los paisajes implacables del interior salvaje de Kenia.

Desde polvorientas llanuras desérticas hasta densas pistas selváticas, el Safari Rally presenta una formidable variedad de desafíos que requieren adaptabilidad, resiliencia y determinación inquebrantable por parte de los competidores. Los vehículos deben lidiar con el duro sol africano, los traicioneros cruces de ríos y los impredecibles encuentros con la vida silvestre, todo mientras navegan por carreteras estrechas y sinuosas y pistas de grava resbaladizas con precisión y habilidad.

Pero no son solo los desafíos físicos del Rally Safari lo que lo hace tan legendario; También es el costo mental y emocional que el rally impone a los pilotos y copilotos mientras luchan contra los elementos y sus propias limitaciones. La amenaza constante de fallas mecánicas, el peligro siempre presente de quedarse atascado en el barro o la arena, y la implacable avalancha de polvo y escombros conspiran para poner a prueba los nervios y la determinación incluso de los competidores más experimentados.

Sin embargo, a pesar de su formidable reputación y los riesgos inherentes que plantea, el Safari Rally tiene un atractivo innegable tanto para los pilotos como para los aficionados. Su inclusión en la alineación del WRC trae de vuelta un toque de los orígenes aventureros del deporte, remontándose a una época en la que las carreras de rally tenían tanto que ver con la supervivencia como con la velocidad.

Al final, el Rally Safari es más que una carrera; es un viaje al corazón de África, una celebración del espíritu humano y el espíritu perdurable de la aventura. A medida que los pilotos se enfrentan a los paisajes salvajes e indómitos de Kenia, encarnan la esencia de las carreras de rally en su forma más pura y elemental, demostrando el coraje, la determinación y el espíritu indomable que definen a este extraordinario deporte.

Rally Dakar: la prueba de resistencia definitiva

Durante décadas, el Rally Dakar se ha mantenido como el pináculo de las carreras de resistencia, llevando a los competidores a sus límites y más allá en una agotadora prueba de habilidad, coraje y resistencia. Aunque ya no se celebra en África, el Rally Dakar sigue siendo sinónimo de aventura y emoción, atrayendo a participantes de todo el mundo para enfrentarse a algunos de los paisajes más formidables del planeta.

El Rally Dakar, que ahora se celebra en Arabia

Saudí, no ha perdido nada de su encanto o intensidad, y los competidores se enfrentan a una avalancha incesante de desafíos mientras atraviesan miles de kilómetros de dunas, barro, rocas y todo lo demás. Desde la vasta extensión del desierto hasta los escarpados puertos de montaña, el Rally Dakar ofrece una verdadera prueba tanto para el hombre como para la máquina, exigiendo una concentración y una determinación inquebrantables de todos los que se atreven a enfrentarse a sus legendarias etapas.

Lo que diferencia al Rally Dakar de otros eventos de automovilismo es su gran escala y alcance. En el transcurso de dos semanas, los competidores navegan por una ruta agotadora que abarca vastas distancias y diversos terrenos, desde las extensiones arenosas del desierto hasta los senderos rocosos de las montañas. A lo largo del camino, se encuentran con una gran cantidad de obstáculos y peligros, desde empinadas dunas de arena hasta traicioneros cruces de ríos, cada uno de los cuales presenta su propio conjunto único de desafíos y peligros.

Pero quizás lo que hace que el Rally Dakar sea realmente especial es su accesibilidad. A diferencia de otros eventos de automovilismo que se limitan a pilotos y equipos profesionales, el Rally Dakar está abierto a aficionados y entusiastas de todos los ámbitos de la vida, lo que permite a cualquier persona con sentido de la aventura y sed de emoción participar en esta prueba definitiva de resistencia. Desde los veteranos experimentados hasta los participantes primerizos, el Rally Dakar da la bienvenida a todos los que se atreven a soñar con conquistar el terreno más desafiante del mundo.

Al final, el Rally Dakar es más que una carrera; Es un viaje a lo desconocido, una batalla contra los elementos y una prueba del espíritu humano. A medida que los competidores se esfuerzan por llegar a sus límites físicos y mentales, encarnan el espíritu de aventura y exploración que ha definido el Rally Dakar durante generaciones, demostrando que con coraje, determinación y perseverancia, todo es posible.

Otros repuntes notables

Además de los eventos icónicos como el Rally de Montecarlo y el Rally Dakar, el mundo de las carreras de rally es el hogar de una serie de otros eventos notables que ofrecen sus propios desafíos y emociones únicos. Desde las carreteras de grava de alta velocidad del Rally de Finlandia hasta los caminos accidentados del Rally Acrópolis, estos rallies muestran la diversidad y la emoción del deporte en todas sus formas.

El Rally de Finlandia destaca como uno de los eventos más emocionantes del calendario de rallyes, conocido por sus velocidades vertiginosas y sus espectaculares saltos. Apodado el "Gran Premio de Gravel", el Rally de Finlandia pone a prueba la habilidad y el nervio de los pilotos mientras se enfrentan a carreteras suaves y fluidas bordeadas de densos bosques a velocidades vertiginosas. Las carreteras de grava de alta velocidad y los saltos icónicos del rally lo convierten en uno de los favoritos tanto de los pilotos como de los aficionados, ya que ofrece un emocionante escaparate de conducción precisa y maniobras atrevidas.

Mientras tanto, el Rally de Argentina ofrece una combinación única de desafíos, con sus caminos de grava, salpicaduras de agua y rápidos cambios de altitud que ponen a prueba el temple incluso de los competidores más experimentados. Conocido por sus apasionados aficionados y su clima impredecible, el Rally de Argentina es una verdadera prueba de supervivencia y habilidad, en la que los pilotos se enfrentan a condiciones de barro y terreno traicionero mientras luchan por la victoria.

Regresando al Campeonato Mundial de Rallyes

(WRC) en 2021, el Rally Acrópolis de Grecia ocupa un lugar especial en los corazones de los entusiastas de los rallyes de todo el mundo. Famoso por sus caminos accidentados y rocosos, el Rally de la Acrópolis es conocido como el "Rally de los Dioses", que combina la rica historia de Grecia con el desafío de un terreno difícil. Con su terreno accidentado y sus exigentes etapas, el Rally Acrópolis pone a prueba la durabilidad de los coches de rally y la habilidad de sus pilotos, lo que lo convierte en uno de los favoritos entre los aficionados a los rallyes y los competidores por igual.

Estos son solo algunos ejemplos de los muchos rallies notables que conforman el rico tapiz de las carreras de rally en todo el mundo. Desde la trepidante acción del Rally de Finlandia hasta los duros desafíos del Rally de Argentina y el encanto histórico del Rally Acrópolis, cada evento ofrece su propia combinación única de emoción, aventura y competencia, mostrando la diversidad y el dinamismo de las carreras de rally en su máxima expresión.

Capítulo 6: Pilotos de rally legendarios

Perfiles de figuras legendarias en las carreras de rally

Este capítulo se adentra en la vida y las carreras de algunos de los pilotos más influyentes y habilidosos de la historia de las carreras de rally, cuya destreza al volante y sus contribuciones al deporte han dejado una huella indeleble.

Colin McRae

Colin McRae, el intrépido escocés apasionado por la velocidad y la aventura, dejó una huella indeleble en el mundo de las carreras de rally que sigue resonando hasta el día de hoy. Conocido por su estilo de conducción agresivo, su determinación y su compromiso inquebrantable de superar los límites, McRae saltó a la fama como una de las figuras más emblemáticas de la historia del deporte, capturando los corazones y la imaginación de los aficionados de todo el mundo con sus electrizantes actuaciones en el escenario de los rallyes.

Nacido en Lanark, Escocia, en 1968, McRae heredó el amor por el automovilismo de su padre, Jimmy McRae, un exitoso piloto de rally. Desde una edad temprana, Colin mostró un talento natural al volante, perfeccionando sus habilidades en las escarpadas carreteras de la campiña escocesa y rápidamente haciéndose un nombre como una estrella en ascenso en el mundo de las carreras de rally.

En 1995, con solo 27 años, McRae logró un hito histórico al convertirse en el Campeón del Mundo de Rallyes más joven de la historia, conduciendo para el Subaru World Rally Team. Su temporada ganadora del campeonato se definió por su estilo de conducción agresivo, sus reflejos ultrarrápidos y su determinación inquebrantable, mientras luchaba contra los mejores pilotos del mundo en algunas de las etapas más difíciles del deporte.

Pero el legado de McRae se extiende mucho más allá de su triunfo en el campeonato. A lo largo de su carrera, cautivó al público con su intrépido enfoque de la conducción de rallyes, famosamente encapsulado por su mantra, "En caso de duda, a toda máquina". La voluntad de McRae de superar los límites y asumir riesgos le granjeó el cariño de los aficionados de todo el mundo, lo que le valió la reputación de ser uno de los pilotos más emocionantes y carismáticos de su generación.

Más allá de su éxito en el escenario de rally, McRae también desempeñó un papel fundamental en la popularización del deporte de las carreras de rally en todo el mundo, particularmente a través de la exitosa serie de videojuegos que lleva su nombre. La serie "Colin McRae Rally", lanzada por primera vez en 1998, permitió a los aficionados experimentar la emoción de las carreras de rally de primera mano, llevando la emoción y la adrenalina del deporte a las salas de estar de todo el mundo e introduciendo a una nueva generación de entusiastas en el mundo del automovilismo.

Trágicamente, la vida de McRae se vio truncada en un accidente de helicóptero en 2007, pero su legado sigue vivo en los corazones y las mentes de los fans de todo el mundo. Su espíritu intrépido, su determinación inquebrantable y su incansable búsqueda de la excelencia siguen inspirando a generaciones de pilotos de rally y aficionados, lo que garantiza que su nombre siempre será sinónimo de la emoción, la emoción y el puro espectáculo de las carreras de rally en su máxima expresión.

Sébastien Loeb

Sébastien Loeb, el maestro francés de las carreras de rally, se erige como una figura imponente en los anales de la historia del automovilismo, su nombre es sinónimo de dominio, excelencia y éxito sin precedentes en el escenario de rally. Con un récord de nueve títulos consecutivos del Campeonato del

Mundo de Rallyes (WRC) de 2004 a 2012, el reinado de Loeb como rey de las carreras de rally sigue siendo inigualable, un testimonio de su extraordinario talento, dedicación inquebrantable y búsqueda incesante de la perfección.

Nacido en Haguenau, Francia, en 1974, el viaje de Loeb hacia el estrellato de los rallyes comenzó en serio cuando descubrió por primera vez su pasión por el automovilismo a una edad temprana. Bendecido con un talento natural, reflejos excepcionales y un profundo conocimiento de la dinámica de los vehículos, Loeb ascendió rápidamente en las filas del mundo de los rallyes, mostrando sus prodigiosas habilidades y su capacidad innata para extraer el máximo rendimiento de su maquinaria.

No pasó mucho tiempo antes de que el talento de Loeb llamara la atención del establishment de los rallyes, y en 2002, se unió al Citroën World Rally Team, donde se embarcaría en una era de dominio sin precedentes que remodelaría el panorama del deporte para siempre. Desde el principio, Loeb demostró ser una fuerza a tener en cuenta, su precisión, consistencia y determinación inquebrantable lo distinguieron de sus rivales y lo establecieron como la figura preeminente en las carreras de rally.

A lo largo de su ilustre carrera, Loeb acumuló un asombroso recuento de victorias, consiguiendo victorias en una amplia gama de superficies y terrenos, desde las carreteras de grava de Argentina hasta las pistas cubiertas de nieve de Suecia. Su capacidad para leer y adaptarse rápidamente a diferentes etapas y condiciones fue inigualable, lo que le valió una reputación como un maestro táctico y estratega en el escenario de rally.

Pero quizás lo que realmente distinguió a Loeb fue su incansable búsqueda de la excelencia y su compromiso inquebrantable de superar los límites de lo que se creía posible en las carreras de rally.

Ya sea navegando por traicioneras curvas cerradas a velocidades vertiginosas o negociando estrechos puertos de montaña con precisión y habilidad, Loeb abordó cada etapa con el mismo enfoque y determinación inquebrantables, sin dejar piedra sin remover en su búsqueda de la victoria.

El legado de Loeb se extiende mucho más allá de sus títulos de campeonato récord, su influencia trascendió los confines de la etapa de rally para inspirar a generaciones de pilotos y fanáticos por igual. Sus notables logros han consolidado su estatus como un verdadero icono del deporte, su nombre grabado en los anales de la historia del automovilismo como uno de los mejores pilotos de todos los tiempos.

A medida que Sébastien Loeb continúa persiguiendo nuevos desafíos y aventuras en el automovilismo, su legado sigue siendo tan duradero como siempre, un faro brillante de excelencia e inspiración para todos los que se atreven a soñar con conquistar las etapas más difíciles del mundo.

Porque Sébastien Loeb no es solo un campeón; Es una leyenda, un símbolo del espíritu humano indomable y la búsqueda incesante de la grandeza que define la esencia misma de las carreras de rally en su máxima expresión.

Michèle Mouton

En el mundo de alto octanaje de las carreras de rally, un nombre se destaca como pionero y pionero: Michèle Mouton. Procedente de Francia, Mouton rompió barreras y desafió las expectativas en un deporte predominantemente dominado por hombres, dejando una marca indeleble en la historia del automovilismo e inspirando a generaciones de pilotos con su coraje, habilidad y determinación.

Nacido en Grasse, Francia, en 1951, el viaje de Mouton hacia el estrellato de los rallyes comenzó a una edad temprana, impulsado por la pasión por la velocidad y el amor por la aventura. Desde el momento en que se sentó por primera vez en el asiento del conductor, Mouton supo que estaba destinada a la grandeza, su talento natural y su espíritu intrépido la distinguían de sus compañeros.

En 1974, Mouton hizo su debut en el Campeonato Mundial de Rallyes (WRC), haciéndose rápidamente un nombre como uno de los jóvenes talentos más prometedores de este deporte. Con sus reflejos ultrarrápidos, su enfoque nítido y su determinación inquebrantable, Mouton demostró ser una fuerza a tener en cuenta en el escenario del rally, ganándose el respeto y la admiración de sus rivales y fanáticos por igual.

Pero fue a principios de la década de 1980 cuando Mouton realmente hizo historia, grabando su nombre en los libros de récords como la primera y única mujer en ganar un evento del Campeonato Mundial de Rally. Con victorias en cuatro rallyes del WRC y un segundo puesto en el campeonato de 1982, los logros de Mouton rompieron los estereotipos y desafiaron las percepciones, demostrando que el género no era una barrera para el éxito en el ferozmente competitivo mundo de las carreras de rally.

Más que una campeona en el escenario de rally, Mouton se convirtió en un símbolo de empoderamiento e inspiración para las mujeres de todo el mundo, abogando por una mayor participación femenina en el automovilismo y rompiendo barreras en un deporte dominado durante mucho tiempo por hombres. Su coraje, determinación y resiliencia frente a la adversidad sirvieron como un faro de esperanza para las aspirantes a conductoras, demostrando que con talento, trabajo duro y fe en uno mismo, todo es posible.

Hoy en día, el legado de Michèle Mouton sigue vivo como testimonio del poder de la perseverancia y el triunfo del espíritu humano. Sus logros pioneros continúan inspirando a generaciones de pilotos, tanto hombres como mujeres, a perseguir sus sueños y luchar por la grandeza dentro y fuera del escenario de rally. Porque Michèle Mouton no es solo una campeona; Es un ícono, una verdadera pionera que abrió un camino para las mujeres en el automovilismo y dejó un legado duradero que inspirará a las generaciones venideras.

Juha Kankkunen

En el panteón de las carreras de rally, pocos nombres inspiran tanto respeto y admiración como Juha Kankkunen. Procedente de Finlandia, una nación rica en rallyes, Kankkunen se forjó una carrera legendaria que le llevó a la cima del deporte, capturando los corazones de los aficionados de todo el mundo con su inigualable talento, versatilidad y pura determinación.

Nacido en Laukaa, Finlandia, en 1959, el viaje de Kankkunen hacia la grandeza de los rallyes comenzó a una edad temprana, impulsado por una pasión por la velocidad y una afinidad natural por la conducción. Desde el momento en que se puso por primera vez al volante de un coche de rally, Kankkunen supo que estaba destinado a la grandeza, su talento innato y su determinación inquebrantable lo impulsaron a la cima del deporte. La carrera de Kankkunen abarcó múltiples épocas y tipos de coches de rally, desde la potencia bruta y la brutalidad de los monstruos del Grupo B hasta las máquinas más refinadas y tecnológicamente avanzadas del Campeonato Mundial de Rallyes (WRC). A lo largo de todo este tiempo, demostró una notable capacidad de adaptación y una competitividad duradera que lo diferenciaron de sus compañeros.

En 1986, Kankkunen consiguió su primer título del Campeonato del Mundo de Rallyes (WRC), conduciendo para el equipo Peugeot Talbot Sport y mostrando sus formidables habilidades al volante del legendario Peugeot 205 T16. Siguió este éxito con tres títulos de campeonato más en 1987, 1991 y

1993, consolidando su estatus como uno de los pilotos más exitosos en la historia del deporte.

Pero quizás lo que realmente distinguió a Kankkunen fue su versatilidad y capacidad para sobresalir en una variedad de condiciones y terrenos. Ya sea navegando por traicioneros caminos de grava en los bosques de Finlandia o enfrentándose a puertos de montaña helados en los Alpes, Kankkunen abordó cada etapa con el mismo enfoque y determinación inquebrantables, sin dejar piedra sin remover en su búsqueda de la victoria.

Además de su éxito en el WRC, Kankkunen también hizo historia al establecer numerosos récords mundiales de velocidad sobre hielo, consolidando aún más su reputación como uno de los mejores pilotos de su generación. Su versatilidad y adaptabilidad, combinadas con su competitividad inquebrantable y su incansable búsqueda de la excelencia, garantizan que su legado perdure para las generaciones venideras.

Hoy en día, Juha Kankkunen sigue siendo una figura querida en el mundo del automovilismo, su nombre es sinónimo de grandeza y sus logros sirven de inspiración para los aspirantes a pilotos de todo el mundo. Porque Juha Kankkunen no es solo un campeón; Es una leyenda, un verdadero maestro de las carreras de rally cuyo talento, determinación y pasión por el deporte siguen inspirando tanto a los aficionados como a los pilotos.

Tommi Mäkinen

En los anales de la historia de las carreras de rally, pocos nombres evocan el mismo nivel de respeto y admiración que Tommi Mäkinen. Procedente de Finlandia, una nación rica en rallyes, la ilustre carrera de Mäkinen le llevó a la cima del deporte, capturando los corazones de los aficionados de todo el mundo con su habilidad sin igual, su feroz competitividad y su inquebrantable determinación.

Nacido en Puuppola, Finlandia, en 1964, el viaje de

Mäkinen hacia la grandeza de los rallyes comenzó en serio cuando descubrió su pasión por el automovilismo a una edad temprana. Bendecido con un talento natural, reflejos excepcionales y un impulso implacable para triunfar, Mäkinen se convirtió rápidamente en uno de los talentos más prometedores de los rallyes finlandeses, llamando la atención de los ojeadores y cazadores de talentos con sus impresionantes actuaciones en el escenario de rally.

El gran avance de Mäkinen se produjo a mediados de la década de 1990 cuando se embarcó en una racha de éxitos sin precedentes en el Campeonato Mundial de Rallyes (WRC), consiguiendo cuatro títulos consecutivos de campeonato de 1996 a 1999. Al volante del equipo Mitsubishi Ralliart, Mäkinen mostró sus formidables habilidades al volante del icónico Mitsubishi Lancer Evolution, dominando la competencia con su ritmo vertiginoso y su determinación inquebrantable.

Una de las mayores fortalezas de Mäkinen fue su capacidad para desempeñarse bajo presión, particularmente en el notoriamente desafiante Rally de Montecarlo, donde salió victorioso cuatro veces a lo largo de su carrera. Su dominio de las condiciones impredecibles y traicioneras de los tramos de Montecarlo le valió la reputación de ser un verdadero maestro del mundo de los rallyes, capaz de conquistar incluso los desafíos más desalentadores con facilidad.

Pero quizás lo que realmente distinguió a Mäkinen fue su incansable impulso para triunfar y su compromiso inquebrantable con la excelencia. Ya sea navegando por curvas cerradas en caminos de grava o enhebrando la aguja a través de estrechos puertos de montaña, Mäkinen abordó cada etapa con el mismo enfoque y determinación inquebrantables, sin dejar nada al azar en su búsqueda de la victoria.

Además de su éxito al volante, Mäkinen también ha

desempeñado un papel fundamental en la formación de la próxima generación de campeones de rally como director del equipo de rally de Toyota. Basándose en su gran experiencia y conocimientos, Mäkinen ha ayudado a guiar al equipo hacia el éxito en el escenario del rally, asegurando que su legado perdure en los años venideros.

Hoy en día, Tommi Mäkinen sigue siendo una figura querida y respetada en el mundo de las carreras de rally, su nombre es sinónimo de grandeza y sus logros sirven de inspiración para los aspirantes a pilotos de todo el mundo. Porque Tommi Mäkinen no es solo un campeón; Es una leyenda, un verdadero maestro de las carreras de rally cuyo talento, determinación y pasión por el deporte siguen inspirando tanto a los aficionados como a los pilotos.

Impacto de los pilotos en la popularidad y evolución del deporte

El impacto de los pilotos en el mundo de las carreras de rally trasciende las meras estadísticas y los títulos de campeonato. De hecho, los mejores pilotos de la historia de este deporte han dejado una huella indeleble en las carreras de rally, dando forma a su evolución y cautivando al público de todo el mundo con sus impresionantes actuaciones y su pura determinación.

Desde los primeros pioneros que sentaron las bases de las carreras de rally modernas hasta las figuras icónicas que dominaron las épocas doradas del deporte, cada piloto ha desempeñado un papel crucial en la superación de los límites de lo que es posible en el escenario de los rallyes. Su influencia se extiende mucho más allá de los confines de la pista de carreras, impregnando todos los aspectos del deporte, desde el desarrollo de automóviles y las estrategias de los equipos hasta los cambios regulatorios y la participación de los fanáticos.

Pilotos como Colin McRae, Sébastien Loeb y Tommi Mäkinen no solo han logrado un éxito sin precedentes en el escenario de rally, sino que también se han convertido en figuras más grandes que la vida cuyos nombres son sinónimo de grandeza en las carreras de rally. Sus emocionantes batallas, sus momentos de infarto y su inquebrantable compromiso con la excelencia han cautivado al público de todo el mundo, inspirando a una nueva generación de pilotos y aficionados por igual.

Pero quizás el mayor testimonio del impacto de estos impulsores radica en su legado duradero. Mucho después de haber colgado los cascos y retirado de la competición, su influencia sigue sintiéndose en el deporte que ayudaron a formar. Sus historias sirven como fuente de inspiración y motivación para los aspirantes a conductores, recordándoles el poder transformador de la pasión, la perseverancia y la dedicación.

Al honrar a estas leyendas, rendimos homenaje a algo más que a sus logros en el escenario del rally. Celebramos su legado perdurable y el profundo impacto que han tenido en el deporte de las carreras de rally, dando forma a su pasado, presente y futuro de maneras que se sentirán en las generaciones venideras. Porque es a través de sus notables contribuciones que las carreras de rally se han convertido en el deporte emocionante, dinámico y amado en todo el mundo que es hoy.

Capítulo 7: Evolución de los coches de rally

Hitos tecnológicos en el diseño de coches de rally

Las carreras de rally siempre han estado a la vanguardia de la innovación automotriz, superando los límites de lo que es posible tanto dentro como fuera de la pista de carreras. Desde los primeros días de los coches de carretera modificados hasta las máquinas de vanguardia de hoy en día, el diseño de los coches de rally ha evolucionado junto con los avances en la tecnología automotriz, lo que ha dado lugar a algunos hitos realmente notables que han remodelado el deporte.

Uno de los primeros avances en el diseño de coches de rally se produjo en forma de sistemas de suspensión mejorados. En los primeros días del deporte, los autos de rally eran poco más que autos de carretera modificados, que carecían de los componentes especializados necesarios para manejar los rigores de las carreras todoterreno. Sin embargo, a medida que el deporte crecía en popularidad y competitividad, los fabricantes comenzaron a invertir en el desarrollo de sistemas de suspensión más robustos capaces de absorber los baches y saltos que se encuentran en las etapas de rally.

Otro hito clave en el diseño de coches de rally fue la introducción de la tecnología de tracción a las cuatro ruedas (4WD). Si bien el 4x4 se había utilizado en vehículos todoterreno durante años, su adopción en los autos de rally marcó un cambio significativo en la dinámica del deporte. Los sistemas de tracción en las cuatro ruedas proporcionaron una tracción y estabilidad mejoradas, lo que permitió a los conductores mantener velocidades más altas y abordar terrenos más desafiantes con confianza. Esta innovación revolucionó las carreras de rally, dando lugar a una nueva era de dominio para los coches equipados con tecnología 4x4.

En el ámbito de la tecnología de motores, la introducción del turbocompresor tuvo un profundo impacto en el rendimiento de los coches de rally. Los motores turboalimentados permitieron una mayor potencia y una mejor entrega de torque, lo que brindó a los conductores una ventaja adicional al acelerar al salir de las curvas o subir pendientes pronunciadas. El aumento de la potencia y la capacidad de respuesta de los motores turboalimentados transformaron los coches de rally en máquinas aún más formidables, capaces de alcanzar velocidades vertiginosas y una aceleración de infarto.

En los últimos años, los avances en la ciencia de los materiales y la aerodinámica han ampliado aún más los límites del diseño de coches de rally. Los materiales compuestos ligeros han sustituido a los componentes tradicionales de acero y aluminio, reduciendo el peso y mejorando la agilidad sin sacrificar la resistencia ni la durabilidad. Mientras tanto, los avances en el diseño aerodinámico han dado lugar a una carrocería más elegante y aerodinámica, lo que reduce la resistencia y mejora la estabilidad a altas velocidades.

Quizás el hito tecnológico más significativo en el diseño de coches de rally en la memoria reciente ha sido la introducción de sistemas de propulsión híbridos. Con un énfasis creciente en la sostenibilidad y la responsabilidad ambiental, los fabricantes han comenzado a incorporar tecnología híbrida en sus autos de rally, combinando la potencia y el rendimiento de los motores de combustión tradicionales con la eficiencia y limpieza de los motores eléctricos. Este cambio hacia la hibridación representa un nuevo capítulo en la evolución del diseño de los coches de rally, que promete dar forma al futuro del deporte en los próximos años.

El diseño del coche de rally ha experimentado una serie de hitos tecnológicos notables a lo largo de los años, cada uno de los cuales supera los límites de lo que es posible en términos de rendimiento, eficiencia y sostenibilidad. Desde sistemas de suspensión mejorados y tecnología de tracción a las cuatro ruedas hasta turbocompresores, materiales livianos, aerodinámica y trenes motrices híbridos, estos avances han transformado los autos de rally en algunas de las máquinas más sofisticadas y capaces del planeta. A medida que el deporte continúa evolucionando, es seguro que el diseño de autos de rally permanecerá a la vanguardia de la innovación automotriz, impulsando el progreso y dando forma al futuro de las carreras de rally para las generaciones venideras.

El cambio a la tracción en las cuatro ruedas

A principios de la década de 1980, el mundo de las carreras de rally experimentó un cambio sísmico con la introducción de la tecnología de tracción en las cuatro ruedas (4WD). A la vanguardia de esta revolución estaba el Audi Quattro, un innovador coche de rally que cambiaría para siempre el panorama del deporte.

Antes de la llegada de los 4x4, los coches de rally eran predominantemente de tracción trasera o delantera, y cada configuración presentaba su propio conjunto de desafíos y limitaciones. Los coches de tracción trasera ofrecían un excelente manejo y precisión, pero tenían dificultades para conseguir tracción en superficies sueltas como la grava y la nieve. Los coches de tracción delantera, por otro lado, proporcionaban una mejor tracción, pero eran propensos al subviraje y carecían de la agilidad de sus homólogos de tracción trasera.

El Audi Quattro, con su innovador sistema 4WD, ofrecía lo mejor de ambos mundos. Al distribuir la potencia a las cuatro ruedas, en lugar de solo dos, el Quattro proporcionó una tracción y un manejo superiores en una variedad de superficies, desde asfalto hasta grava y nieve. Esto permitió a los conductores mantener velocidades más altas y abordar terrenos más desafiantes con confianza, lo que les dio una ventaja significativa sobre sus competidores.

El impacto del Audi Quattro y otros coches de rally 4x4 fue inmediato y profundo. Casi de la noche a la mañana, el 4x4 se convirtió en el nuevo estándar en el diseño de coches de rally, y los fabricantes se apresuraron a desarrollar sus propias versiones de la tecnología. El resultado fue una nueva era de dominio para los autos 4x4, ya que superaron rápidamente a sus contrapartes de tracción trasera y tracción delantera en etapas de rally en todo el mundo.

El cambio a 4x4 no solo revolucionó el rendimiento y la competitividad de los coches de rally, sino que también cambió fundamentalmente la naturaleza del deporte en sí. Las etapas de rally se volvieron más rápidas y técnicas, con los pilotos superando los límites de sus máquinas y sus propias habilidades como nunca antes. El éxito del Audi Quattro allanó el camino para una nueva generación de coches de rally, estableciendo un nuevo estándar de rendimiento y sentando las bases para la futura evolución de las carreras de rally.

La introducción de la tecnología de tracción a las cuatro ruedas a principios de la década de 1980, encabezada por el Audi Quattro, marcó un cambio revolucionario en el diseño de los coches de rally. Esta tecnología proporcionó una tracción y un manejo superiores en diversas superficies, estableciendo un nuevo estándar de rendimiento y competitividad en el deporte. El cambio a las 4x4 no solo transformó las capacidades de los autos de rally, sino que también remodeló la naturaleza misma de las carreras de rally, allanando el camino para una nueva era de dominio e innovación en el deporte.

Turbocompresor y evolución del motor

La década de 1980 marcó un hito importante en la ingeniería de los coches de rally con la adopción generalizada de motores turboalimentados. La turboalimentación, una tecnología que se había utilizado en los motores de los aviones durante la Segunda Guerra Mundial, se abrió camino en los coches de rally, transformando su rendimiento y llevándolos a nuevas cotas de potencia y aceleración.

Los motores turboalimentados funcionan comprimiendo el aire de admisión antes de que entre en la cámara de combustión, lo que permite quemar más combustible y, por lo tanto, generar más potencia. Este sistema de inducción forzada proporcionó a los coches de rally un aumento significativo en caballos de fuerza y torque, lo que les dio a los pilotos una ventaja en las exigentes etapas de las carreras de rally.

Una de las principales ventajas de los motores turboalimentados era su capacidad para entregar potencia en una amplia gama de velocidades del motor, lo que se conoce como curva de par. Esto significaba que los pilotos de rally tenían acceso a una amplia potencia y aceleración independientemente de las RPM de su motor, lo que les permitía mantener el impulso en las curvas y la potencia en las secciones cerradas con facilidad.

Sin embargo, la turboalimentación también presentaba su propio conjunto de desafíos, particularmente en términos de administración de energía y durabilidad. El retraso del turbo, el retraso entre presionar el acelerador y el turbocompresor alcanzar el impulso máximo, requirió que los conductores adaptaran su estilo de conducción para tener en cuenta el repentino aumento de potencia. Además, el aumento de la tensión ejercida sobre los componentes del motor por las altas temperaturas y presiones generadas por la turboalimentación requirió una ingeniería cuidadosa y materiales robustos para garantizar la fiabilidad y la longevidad.

A medida que evolucionó la tecnología de los motores, también lo hicieron las estrategias para gestionar la potencia de salida de los motores turboalimentados. Los sistemas avanzados de gestión del motor y las ayudas electrónicas permitieron un control preciso de la presión de sobrealimentación y el suministro de combustible, optimizando el rendimiento y minimizando el riesgo de daños en el motor. Además, las mejoras en los materiales y las técnicas de fabricación ayudaron a mejorar la durabilidad de los componentes del motor, lo que permitió que los coches de rally resistieran las duras condiciones de las carreras de rally sin sacrificar el rendimiento.

El turbocompresor representó un importante salto adelante en la ingeniería de los coches de rally durante la década de 1980, proporcionando a los coches un aumento sustancial de la potencia y la aceleración. Si bien los motores turboalimentados presentaban su propio conjunto de desafíos, los avances en la gestión del motor y la tecnología de materiales permitieron a los autos de rally aprovechar todo el potencial del turbocompresor mientras mantenían la confiabilidad y el rendimiento. Los motores turboalimentados se convirtieron en una característica definitoria de los coches de rally, dando forma a la evolución del deporte y contribuyendo a su atractivo duradero tanto para los pilotos como para los aficionados.

Sistemas de suspensión sofisticados

En el mundo en constante evolución de las carreras de rally, los avances en la tecnología de suspensión han desempeñado un papel fundamental en la configuración del rendimiento y las capacidades de los coches de rally. Desde los primeros días del deporte hasta el presente, los sistemas de suspensión han experimentado una notable transformación, impulsada por la búsqueda incesante de velocidad, control y seguridad en las exigentes etapas de las carreras de rally.

En los primeros días de las carreras de rally, los sistemas de suspensión eran rudimentarios en el mejor de los casos, y la mayoría de los coches se basaban en simples ballestas o muelles helicoidales para absorber los baches e impactos que se encontraban en terrenos accidentados. Sin embargo, a medida que el deporte crecía en popularidad y competitividad, los fabricantes comenzaron a invertir fuertemente en el desarrollo de sistemas de suspensión más sofisticados capaces de manejar los rigores de las carreras de rally.

Uno de los avances más significativos en la

tecnología de suspensión fue la introducción de amortiguadores ajustables, o amortiguadores, que permitieron a los conductores ajustar las características de manejo de sus automóviles para adaptarse a diferentes terrenos y condiciones de conducción. Al ajustar la fuerza de amortiguación ejercida sobre la suspensión, los conductores podían optimizar el agarre, la estabilidad y la capacidad de respuesta, lo que les daba una ventaja competitiva en la etapa de rally.

Otra innovación clave en el diseño de la suspensión fue el desarrollo de sistemas de suspensión activa, que utilizan sensores y actuadores para ajustar la configuración de la suspensión en tiempo real en función de las condiciones de conducción. Estos sistemas son capaces de adaptarse instantáneamente a los cambios en el terreno, lo que permite un manejo más suave y estable y velocidades más rápidas en curvas y superficies irregulares.

Además de los amortiguadores ajustables y los sistemas de suspensión activa, otros avances en la tecnología de suspensión han incluido el uso de materiales ligeros, como la fibra de carbono y el titanio, para reducir el peso no suspendido y mejorar la agilidad y la capacidad de respuesta. Mientras tanto, los desarrollos en geometría y cinemática han optimizado la geometría de la suspensión para obtener la máxima tracción y rendimiento en las curvas, mejorando aún más las capacidades de los autos de rally en la pista de carreras.

Los beneficios de estos sofisticados sistemas de suspensión van más allá de las meras ganancias de rendimiento. Al proporcionar un mayor control y estabilidad, estas innovaciones también han mejorado la seguridad del conductor, lo que les permite superar los límites de sus coches y de sus propias habilidades con confianza. Los sistemas de suspensión mejorados ayudan a mantener los coches de rally firmemente plantados en el suelo, reduciendo el riesgo de accidentes y garantizando un entorno de carreras más seguro para los pilotos, copilotos y espectadores por igual.

Los avances en la tecnología de suspensión han sido fundamentales en la evolución de los coches de rally, permitiendo a los pilotos enfrentarse a los terrenos y condiciones más desafiantes con confianza y control. Desde amortiguadores ajustables y sistemas de suspensión activa hasta materiales ligeros y geometría optimizada, estas innovaciones han transformado los coches de rally en algunas de las máquinas más capaces y versátiles del planeta. Y aunque la búsqueda de velocidad y rendimiento continúa sin cesar, el objetivo final sigue siendo el mismo: superar los límites de lo que es posible en las carreras de rally al tiempo que se garantiza la seguridad y el bienestar de todos los involucrados.

Aerodinámica y materiales ligeros

En la búsqueda incesante de la velocidad y la eficiencia, los fabricantes de coches de rally han recurrido a la aerodinámica avanzada y a los materiales ligeros para obtener una ventaja competitiva en la pista de carreras. Estos dos elementos, trabajando en conjunto, han revolucionado el diseño y la construcción de los coches de rally, permitiendo a los pilotos navegar por los tramos de rally con una velocidad y agilidad sin precedentes.

La aerodinámica juega un papel crucial en el rendimiento de los coches de rally, especialmente a altas velocidades. Al optimizar el flujo de aire alrededor del automóvil, las mejoras aerodinámicas, como los alerones, los divisores y los difusores, ayudan a reducir la resistencia y mejorar la estabilidad, lo que permite a los conductores mantener velocidades más altas y fuerzas en las curvas con mayor confianza. Además, las características aerodinámicas, como las presas de aire y los generadores de vórtices, ayudan a generar carga aerodinámica, presionando el automóvil firmemente sobre la superficie de la carretera y mejorando la tracción y el agarre, especialmente en curvas rápidas y en terrenos accidentados.

Paralelamente a los avances en aerodinámica, los fabricantes de coches de rally también han adoptado el uso de materiales ligeros en la construcción de automóviles. La fibra de carbono, en particular, se ha convertido en un material favorito debido a su excepcional relación resistencia-peso y versatilidad. Al incorporar fibra de carbono en componentes estructurales clave como el chasis, los paneles de la carrocería y las piezas de suspensión, los fabricantes pueden reducir significativamente el peso total del automóvil sin comprometer la resistencia o la seguridad.

Los beneficios de los materiales ligeros van más allá de la mera reducción de peso. Al reducir la masa, la fibra de carbono y otros compuestos mejoran la relación potencia-peso del automóvil, lo que permite una aceleración más rápida, un manejo más preciso y una mejor eficiencia de combustible. Además, el uso de materiales ligeros ayuda a minimizar la inercia y mejorar la agilidad, lo que permite a los conductores cambiar de dirección más rápidamente y navegar en curvas cerradas con precisión y control.

Además, los materiales ligeros contribuyen a una mejor distribución del peso, optimizando el equilibrio y la estabilidad del coche en frenado, aceleración y curvas. Esto da como resultado un mejor rendimiento general y capacidad de conducción, lo que permite a los pilotos extraer el máximo potencial de sus autos en etapas de rally de diferentes terrenos y condiciones.

La integración de aerodinámica avanzada y

materiales ligeros ha transformado el rendimiento y las capacidades de los coches de rally, permitiendo a los pilotos superar los límites de la velocidad y la agilidad en la pista de carreras. Al optimizar el flujo de aire y reducir el peso, los fabricantes han creado autos que son más rápidos, más receptivos y más capaces que nunca, lo que permite a los conductores navegar por las etapas de rally con confianza y precisión. A medida que las carreras de rally continúan evolucionando, la búsqueda de la velocidad y la eficiencia a través de la aerodinámica y los materiales livianos permanecerá a la vanguardia del diseño y la construcción de automóviles, impulsando el progreso y la innovación en el deporte en los próximos años.

Innovaciones en seguridad

A raíz de la notoriamente peligrosa era del Grupo B, las carreras de rally experimentaron una profunda transformación con un renovado énfasis en las innovaciones de seguridad. Reconociendo los riesgos inherentes a la competencia de alta velocidad en terrenos variados y desafiantes, tanto los fabricantes como los organizadores buscaron implementar medidas para proteger a los pilotos y copilotos de los peligros de las carreras de rally.

Una de las innovaciones de seguridad más significativas que surgieron de este período fue el desarrollo de mejores diseños de jaulas antivuelco. Las jaulas antivuelco, introducidas originalmente para reforzar la integridad estructural de los coches de rally en caso de vuelco, se sometieron a amplias mejoras para mejorar la resistencia a los choques y la protección de los ocupantes. Se emplearon materiales y técnicas de construcción avanzadas para crear jaulas antivuelco que pudieran soportar las fuerzas generadas por los impactos a alta velocidad y, al mismo tiempo, proporcionar un capullo protector para los ocupantes del interior.

Otra innovación crítica en materia de seguridad fue la mejora de los sistemas de extinción de incendios.

El riesgo de incendio en los coches de rally, especialmente después de un choque o un fallo mecánico, suponía una grave amenaza para la seguridad de los pilotos. Para abordar esta preocupación, los fabricantes desarrollaron sistemas de extinción de incendios más efectivos que podrían extinguir rápidamente las llamas y minimizar el riesgo de lesiones para el conductor y el copiloto. Estos sistemas a menudo incorporaban extintores de incendios a bordo y mecanismos automáticos de extinción de incendios para proporcionar una respuesta rápida en caso de una emergencia de incendio.

Además, la introducción del dispositivo de soporte para la cabeza y el cuello (HANS) representó un avance significativo en la seguridad del conductor. El dispositivo HANS, que ata el casco del conductor a los hombros para evitar un movimiento excesivo de la cabeza durante un choque, ayuda a reducir el riesgo de lesiones en el cuello y la columna vertebral, especialmente en impactos a alta velocidad. Al estabilizar la cabeza y el cuello, el dispositivo HANS ayuda a mitigar las fuerzas transmitidas al cuerpo del conductor durante un choque, lo que reduce la probabilidad de lesiones graves o muerte.

Estas innovaciones de seguridad, junto con otros avances en el diseño, la construcción y la regulación de vehículos, han transformado las carreras de rally en un deporte más seguro para los pilotos y copilotos por igual. Al priorizar la seguridad junto con el rendimiento y la competitividad, los organizadores y fabricantes de rallyes han ayudado a mitigar los riesgos inherentes a la competición a alta velocidad, asegurando que las carreras de rally sigan siendo un deporte emocionante y estimulante, al tiempo que minimizan la posibilidad de lesiones graves o la pérdida de vidas.

Subaru y Mitsubishi

Durante la década de 1990 y principios de la de 2000, Subaru y Mitsubishi emergieron como fuerzas dominantes en el mundo de las carreras de rally, cautivando al público con su feroz rivalidad y actuaciones sin precedentes en el Campeonato Mundial de Rally (WRC). Estos dos fabricantes no solo mostraron su destreza en ingeniería, sino que también ampliaron los límites de la tecnología automotriz, particularmente en los ámbitos de los sistemas de tracción total y la turboalimentación.

Subaru, con su icónico Impreza WRX STI, se convirtió rápidamente en uno de los favoritos de los fanáticos con su distintiva librea azul y dorada y los legendarios talentos de conducción de pilotos como Colin McRae, Richard Burns y Petter Solberg. El motor bóxer turboalimentado del Subaru Impreza y el sistema de tracción total simétrica demostraron ser una combinación ganadora, ya que ofrecen una tracción, agilidad y confiabilidad excepcionales en una amplia gama de terrenos y condiciones.

Mientras tanto, Mitsubishi, representada por la formidable serie Lancer Evolution, forjó su propio camino hacia la gloria de los rallyes con pilotos como Tommi Mäkinen, que consiguió cuatro títulos consecutivos del WRC de 1996 a 1999. El sofisticado sistema de tracción total y el robusto motor turboalimentado del Mitsubishi Lancer Evolution lo convirtieron en un competidor formidable, capaz de afrontar las etapas de rally más exigentes con precisión y velocidad.

La rivalidad entre Subaru y Mitsubishi alcanzó su punto álgido durante este período, cautivando al público de todo el mundo y elevando las carreras de rally a nuevas alturas de popularidad y emoción. Cada fabricante superó los límites de la tecnología y la innovación en busca de la victoria, impulsando rápidos avances en el diseño, la ingeniería y el rendimiento de los automóviles.

La intensa competencia entre Subaru y Mitsubishi no solo impulsó la innovación tecnológica, sino que también inspiró a una generación de fanáticos y entusiastas de los rallyes. Las icónicas batallas entre el Impreza de Subaru y el Lancer Evolution de Mitsubishi se convirtieron en leyenda, y los fanáticos esperaban ansiosamente cada enfrentamiento en el escenario del rally.

Más allá del ámbito de los deportes de motor, el éxito de Subaru y Mitsubishi en las carreras de rally tuvo un profundo impacto en sus respectivas marcas, ayudando a establecer su reputación de rendimiento, confiabilidad y durabilidad. Las lecciones aprendidas en la etapa de rally se tradujeron en el desarrollo de vehículos de carretera, consolidando aún más el estatus de Subaru y Mitsubishi como líderes en la industria automotriz.

El dominio de Subaru y Mitsubishi en las carreras de rally durante la década de 1990 y principios de la década de 2000 no solo mostró su destreza en ingeniería y talento de conducción, sino que también impulsó el deporte a nuevas alturas de popularidad y emoción. Su feroz rivalidad y su incansable búsqueda de la victoria impulsaron la innovación tecnológica e inspiraron a una generación de entusiastas de los rallyes, dejando una marca indeleble en la historia de las carreras de rally.

La contribución de Ford

Durante décadas, Ford ha sido una piedra angular de las carreras de rally, dejando una huella indeleble en el deporte con vehículos icónicos como el Escort y el Fiesta. La rica historia de Ford y su compromiso inquebrantable con los rallyes no solo han dado lugar a numerosas victorias en campeonatos, sino que también han impulsado innovaciones en el rendimiento de los coches pequeños, lo que demuestra que la potencia puede venir en paquetes más pequeños.

Uno de los autos de rally más célebres de Ford es el Escort, que disfrutó de un tremendo éxito durante las décadas de 1970 y 1980. El diseño ligero, el manejo ágil y el motor robusto del Escort lo convirtieron en un competidor formidable en las etapas de rally de todo el mundo. Con pilotos como Hannu Mikkola, Björn Waldegård y Ari Vatanen al volante, el Escort consiguió múltiples campeonatos y estableció a Ford como una fuerza dominante en el deporte.

En la era moderna de las carreras de rally, Ford continuó su legado de excelencia con la introducción del Fiesta Rally Car. El tamaño compacto y el manejo ágil del Fiesta lo hicieron muy adecuado para la naturaleza exigente de las etapas de rally, mientras que su motor turboalimentado ofrecía una potencia y aceleración impresionantes. Pilotos como Sébastien Ogier y Jari-Matti Latvala condujeron el Fiesta a numerosas victorias, consolidando aún más la reputación de Ford como líder en rendimiento de autos pequeños.

El compromiso de Ford con los rallyes no solo ha dado lugar al éxito en la pista, sino que también ha impulsado innovaciones en la tecnología automotriz. El desarrollo de motores de alto rendimiento, sistemas de suspensión avanzados y aerodinámica de vanguardia ha ampliado los límites de lo que es posible en el rendimiento de los automóviles pequeños, inspirando a ingenieros y entusiastas por igual.

Además, la participación de Ford en las carreras de rally ha ayudado a elevar el perfil del deporte y atraer a nuevos aficionados de todo el mundo. La visión de un coche de rally Ford atravesando un tramo forestal o deslizándose por una curva cerrada se ha convertido en sinónimo de la emoción y el entusiasmo de las carreras de rally, cautivando al público y mostrando las capacidades de los vehículos de Ford.

La contribución de Ford a las carreras de rally abarca décadas y abarca un legado de excelencia, innovación y éxito. Desde el icónico Escort hasta el moderno Fiesta Rally Car, Ford ha demostrado constantemente su compromiso de superar los límites del rendimiento de los autos pequeños y dejar una marca duradera en la historia de las carreras de rally.

Mirando hacia el futuro: coches de rally híbridos y eléctricos

A medida que el mundo lidia con las preocupaciones ambientales y la necesidad de prácticas sostenibles, las carreras de rally están adoptando una nueva era de innovación con la adopción de tecnologías híbridas y eléctricas. Estos cambios no solo significan un cambio hacia las carreras ecológicas, sino que también representan una nueva frontera para el desarrollo tecnológico en el deporte.

Los coches de rally híbridos y eléctricos ofrecen varias ventajas sobre sus homólogos tradicionales. Al incorporar motores eléctricos junto con motores de combustión interna, los coches de rally híbridos pueden aprovechar los beneficios de ambas fuentes de energía, ofreciendo un rendimiento mejorado al tiempo que reducen las emisiones y el consumo de combustible. Esta hibridación permite a los equipos de rally mantener la potencia y la agilidad necesarias para las carreras competitivas, al tiempo que minimiza su huella ambiental.

Del mismo modo, los coches de rally eléctricos presentan una oportunidad emocionante para revolucionar el deporte. Con cero emisiones del tubo de escape y una entrega instantánea de par, los motores eléctricos ofrecen una aceleración y una capacidad de respuesta incomparables, transformando la experiencia de conducción en las etapas de rally. Si bien la transición a la energía eléctrica presenta su propio conjunto de desafíos, incluidas las limitaciones de alcance y la infraestructura de carga, los avances en la tecnología de las baterías y las capacidades de carga están superando constantemente estos obstáculos, allanando el camino para un futuro más limpio y ecológico en las carreras de rally.

Además, la adopción de tecnologías híbridas y eléctricas en los coches de rally refleja una tendencia más amplia hacia la sostenibilidad y la innovación en la industria del automóvil. A medida que los fabricantes invierten en el desarrollo de vehículos eléctricos y en la transición hacia la electrificación, las carreras de rally sirven como campo de pruebas para tecnologías de vanguardia y soluciones de ingeniería. Las lecciones aprendidas en el escenario de los rallyes no solo están dando forma al futuro de los deportes de motor, sino que también influyen en el diseño y desarrollo de los vehículos de carretera, acelerando la transición hacia un ecosistema automovilístico más sostenible.

De cara al futuro, los coches de rally híbridos y eléctricos prometen un futuro más respetuoso con el medio ambiente y tecnológicamente avanzado para el deporte. Al adoptar estas innovaciones, las carreras de rally reafirman su compromiso con la excelencia y el progreso, al tiempo que abordan los desafíos apremiantes del cambio climático y la sostenibilidad ambiental. A medida que el deporte continúa evolucionando, los autos de rally híbridos y eléctricos sin duda jugarán un papel fundamental en la configuración del próximo capítulo de la historia de las carreras de rally.

Capítulo 8: Cultura de los rallyes y participación de los aficionados

El papel de los aficionados en los rallyes

El atractivo de las carreras de rally radica no solo en la acción de alta velocidad en los tramos, sino también en la relación única entre pilotos y fanáticos. A diferencia de las carreras de circuito tradicionales, donde los espectadores están confinados a las tribunas o áreas de observación designadas, los fanáticos de los rallyes disfrutan de un acceso incomparable al deporte, sumergiéndose en los paisajes escarpados y los terrenos desafiantes que definen cada rally.

Uno de los aspectos más distintivos de las carreras de rally es la movilidad de su base de fanáticos. Los fanáticos de los rallyes son conocidos por su disposición a recorrer grandes distancias, soportar condiciones climáticas adversas y navegar por lugares remotos para presenciar de cerca la emoción del deporte. Ya sea parado en el borde de una curva cerrada, encaramado en lo alto de un afloramiento rocoso o acurrucado en medio de un denso bosque, los fanáticos de los rallyes no escatiman esfuerzos para echar un vistazo a sus pilotos favoritos en acción.

Esta proximidad entre los aficionados y los competidores fomenta un sentido de camaradería y conexión que es único en las carreras de rally. Los aficionados suelen desarrollar vínculos personales con los pilotos y los equipos, siguiendo sus carreras con una lealtad y un apoyo inquebrantables. Estas relaciones se extienden más allá de la pista de carreras, con fanáticos que forman comunidades en línea, asisten a eventos de fanáticos e incluso se ofrecen como voluntarios como alguaciles o miembros del equipo de apoyo durante los rallies.

El apasionado entusiasmo de los aficionados a los rallyes desempeña un papel fundamental en la configuración de la cultura del deporte y contribuye a su atractivo mundial. Su energía contagiosa y su dedicación inquebrantable crean una atmósfera electrizante en los eventos de rally, transformando bosques remotos y laderas desoladas en vibrantes centros de emoción y celebración.

Además, los aficionados a los rallyes son embajadores de este deporte, difundiendo la emoción y el entusiasmo de las carreras de rally a nuevas audiencias de todo el mundo. A través de las redes sociales, los foros en línea y las recomendaciones de boca en boca, los aficionados comparten sus experiencias y puntos de vista, inspirando a otros a unirse a la comunidad del rally y formar parte de la aventura.

No se puede exagerar el papel de los aficionados en las carreras de rally. Su apoyo apasionado, su dedicación incansable y su entusiasmo ilimitado no solo mejoran la experiencia del espectador, sino que también contribuyen significativamente al atractivo global y al legado perdurable del deporte.

Los aficionados a los rallyes son algo más que espectadores; Son una parte integral de la familia Rally, unidos por su amor por las emociones de alta velocidad y las aventuras llenas de adrenalina.

Accesibilidad e inclusión

Las carreras de rally se destacan entre los deportes de motor por su accesibilidad sin igual, ofreciendo a los fanáticos una experiencia única e inmersiva que es a la vez atractiva e inclusiva. A diferencia de las carreras de circuito tradicionales, donde los espectadores a menudo están separados de la acción por barreras y tribunas, los fanáticos de los rallyes disfrutan de un acceso sin restricciones a las etapas del rally, lo que les permite acercarse a la emoción del deporte.

Uno de los aspectos más destacables de la cultura de los rallyes es su accesibilidad a aficionados de todas las edades y orígenes. Ya sea que se trate de familias con niños pequeños, entusiastas experimentados o espectadores por primera vez, los eventos de rally dan la bienvenida a todos con los brazos abiertos, creando una comunidad diversa y vibrante unida por una pasión compartida por el automovilismo.

En los eventos de rally, los aficionados tienen la oportunidad de experimentar la emoción del deporte de primera mano, a menudo con barreras mínimas entre ellos y la acción. Pueden pararse a pocos metros de distancia de los rugientes autos de rally mientras atraviesan grava, barro y nieve, sintiendo la adrenalina y la emoción de las carreras de alta velocidad en un entorno natural y sin filtros.

Además, las carreras de rally promueven la inclusión a través de sus oportunidades de conocer y saludar durante las pausas de servicio. A diferencia de otros deportes en los que los atletas están protegidos de sus aficionados, los pilotos y equipos de rally interactúan directamente con los espectadores, firmando autógrafos, posando para fotos y compartiendo historias de las etapas. Estas interacciones personales crean un sentido de camaradería y conexión, fomentando un ambiente acogedor e inclusivo donde los fanáticos se sienten valorados y apreciados.

La accesibilidad de las carreras de rally se extiende más allá de la pista de carreras, con muchos eventos que ofrecen actividades y servicios para los fanáticos. Desde zonas de espectadores con vendedores de comida y puestos de mercadería hasta áreas de visualización designadas con comentarios y pantallas gigantes, los organizadores del rally hacen un esfuerzo adicional para mejorar la experiencia de los fanáticos y garantizar que todos se sientan incluidos y comprometidos.

La accesibilidad y la inclusión son pilares fundamentales de la cultura de los rallyes, ya que enriquecen la experiencia del espectador y fortalecen el vínculo entre los aficionados y el deporte. El compromiso de las carreras de rally de dar la bienvenida a aficionados de todas las edades y orígenes, combinado con su atmósfera inmersiva y atractiva, garantiza que todos puedan compartir la emoción y la emoción de este emocionante automovilismo.

Fan Zones y Rally Villages

Los organizadores del evento han reconocido el compromiso entusiasta de los aficionados al rally y han respondido creando zonas dedicadas a los aficionados y pueblos de rally en los eventos del rally. Estas áreas sirven como vibrantes centros de actividad y entretenimiento, ofreciendo a los espectadores una amplia gama de servicios y atracciones que mejoran la experiencia general del rally.

En las zonas de aficionados, los espectadores pueden sumergirse en la emoción de las carreras de rally a través de las transmisiones en vivo de la carrera, lo que brinda vistas de cerca de la acción incluso para aquellos que se encuentran lejos de las etapas. Las pantallas gigantes muestran imágenes en tiempo real, entrevistas con pilotos y equipos, y momentos destacados de etapas anteriores, lo que mantiene a los fanáticos informados y comprometidos durante todo el evento.

Además, las zonas de aficionados suelen contar con puestos de merchandising donde los aficionados pueden comprar productos oficiales del rally, como ropa, accesorios y recuerdos, lo que les permite mostrar su apoyo a sus pilotos y equipos favoritos. Estos puestos de merchandising sirven como bulliciosos centros de actividad, donde los aficionados pueden echar un vistazo a los últimos equipos, conocer a otros entusiastas y compartir su pasión por el deporte.

Además de la mercancía, las zonas de fans ofrecen una variedad de actividades interactivas y atracciones que se adaptan a los fanáticos de todas las edades e intereses. Desde simuladores que permiten a los espectadores experimentar la

emoción de las carreras de rally de primera mano hasta sesiones de autógrafos con los pilotos y oportunidades de fotos con autos de rally, zonas de fanáticos
Ofrece una amplia gama de experiencias que atraen tanto a los espectadores ocasionales como a los entusiastas acérrimos.

Los pueblos de rally, por otro lado, ofrecen una experiencia más inmersiva, transformando los eventos de rally en festivales completos que celebran la cultura del automovilismo. Estos pueblos cuentan con vendedores de comida y bebida, actuaciones de música en vivo, exhibiciones de automóviles y exhibiciones interactivas, creando un ambiente animado y festivo que se extiende más allá de la pista de carreras.

Al crear zonas de aficionados y aldeas de rally, los organizadores de eventos han transformado los eventos de rally en algo más que competiciones deportivas; Se han convertido en celebraciones comunitarias que reúnen a los aficionados para compartir su amor por las carreras de rally. Estos espacios vibrantes y atractivos sirven como puntos focales para la cultura del rally, fomentando la camaradería, la camaradería y la emoción entre los espectadores y participantes por igual.

Impacto cultural del rally en los deportes de motor y más allá

La influencia de las carreras de rally se extiende más allá de la pista de carreras y se extiende a la cultura popular, donde sus imágenes dramáticas y su emocionante acción han dejado una marca indeleble en películas, videojuegos y programas de televisión. Los saltos de alta velocidad del deporte, los coches que se deslizan sobre la grava y los impresionantes paisajes han cautivado al público de todo el mundo, mejorando su perfil y atrayendo a un público más amplio.

En el cine, las carreras de rally han aparecido en numerosas películas, documentales y series de televisión, mostrando la emoción y la intensidad del deporte alimentadas por la adrenalina. Desde películas clásicas como "Le Mans" y "Grand Prix" hasta éxitos de taquilla modernos como la franquicia "The Fast and the Furious", las carreras de rally han inspirado a los cineastas a capturar su emocionante acción y narrativas convincentes en la pantalla grande.

Del mismo modo, las carreras de rally han dejado su huella en el mundo de los videojuegos, con títulos populares como la serie "Dirt" y la franquicia "WRC" que ofrecen a los jugadores la oportunidad de experimentar la emoción de las carreras de rally desde la comodidad de sus propios hogares. Estos juegos proporcionan simulaciones inmersivas y realistas de eventos de rally, lo que permite a los jugadores competir en escenarios icónicos, personalizar sus autos y experimentar la emoción de la victoria y la agonía de la derrota.

Además, las carreras de rally se han convertido en un fenómeno cultural por derecho propio, con comunidades de aficionados dedicadas, foros en línea y páginas de redes sociales dedicadas a discutir el deporte y compartir noticias, fotos y videos. El atractivo global de este deporte y su apasionada base de aficionados han ayudado a las carreras de rally a trascender su estatus de nicho y llegar a un público más amplio, consolidando su lugar en el panteón del automovilismo.

El impacto cultural de las carreras de rally se extiende mucho más allá de los confines de la pista de carreras, influyendo en la cultura popular y cautivando al público con su emocionante acción y sus dramáticos efectos visuales. Desde películas y videojuegos hasta comunidades en línea y redes sociales, las carreras de rally continúan dejando su huella en el mundo, inspirando a fanáticos y entusiastas por igual con su combinación única de velocidad, habilidad y aventura.

Manifestación en los medios de comunicación

Los rallyes han tenido un impacto significativo en varios medios de comunicación, especialmente en el ámbito de los videojuegos. Títulos como la serie Colin McRae Rally y la franquicia DiRT han desempeñado un papel crucial en la introducción de millones de jugadores en el emocionante mundo de la conducción de rallyes, aunque en un entorno virtual.

Estos videojuegos ofrecen a los jugadores una experiencia inmersiva que refleja de cerca los desafíos y la emoción de los rallyes del mundo real. Desde navegar por terrenos traicioneros hasta administrar el control del automóvil a altas velocidades, los jugadores deben emplear las mismas habilidades y tácticas que los pilotos de rally profesionales para tener éxito en estos entornos virtuales. El realismo y la autenticidad de estos juegos no solo han entretenido a los jugadores, sino que también los han educado sobre las complejidades de las carreras de rally, fomentando una apreciación más profunda por el deporte.

Además, los videojuegos con temática de rally han servido como puerta de entrada para que muchas personas se conviertan en fanáticos de las carreras de rally en la vida real. Los jugadores que se introdujeron en el deporte a través de los juegos a menudo desarrollan un gran interés en ver eventos de rally en vivo y seguir las carreras de sus pilotos favoritos. De esta manera, los videojuegos han desempeñado un papel fundamental en el cultivo de una nueva generación de entusiastas de los rallyes y en la expansión de la base de fanáticos del deporte.

Más allá de los videojuegos, las carreras de rally también han ocupado un lugar destacado en otros medios de comunicación, como películas, documentales y programas de televisión. Estas representaciones visuales de las carreras de rally capturan la intensidad y la emoción del deporte, ofreciendo al público una visión del mundo lleno de adrenalina de los rallyes profesionales. Ya sea a través de emocionantes secuencias de carreras o retratos íntimos de pilotos y equipos, estas representaciones mediáticas han ayudado a popularizar las carreras de rally y elevar su estatus en la conciencia pública.

La presencia de los rallyes en los medios de comunicación, especialmente en los videojuegos, ha tenido un profundo impacto tanto en los aficionados como en los recién llegados. Al proporcionar una experiencia inmersiva y realista, los videojuegos con temática de rally han introducido a millones de personas en la emoción de la conducción de rally e inspirado a una nueva generación de entusiastas. A través de diversos medios de comunicación, las carreras de rally continúan cautivando al público y consolidando su estatus como uno de los deportes de motor más emocionantes y dinámicos del mundo.

Documentales y Películas

Los documentales y películas centrados en los rallyes se han convertido en vehículos esenciales para mostrar el lado humano del deporte, profundizando en las historias detrás de los pilotos, los equipos y los eventos. Estas producciones cinematográficas ofrecen a los espectadores una comprensión más profunda de los desafíos, triunfos y sacrificios personales que definen el mundo de los rallyes.

A través de una narración convincente y efectos visuales inmersivos, los documentales capturan la esencia de las carreras de rally, llevando al público entre bastidores para presenciar la pasión y la dedicación de los involucrados. Proporcionan información sobre los rigurosos regímenes de entrenamiento, los momentos llenos de adrenalina en los escenarios y la camaradería entre los competidores y los miembros del equipo.

Además, los documentales a menudo exploran la rica historia y el significado cultural de los rallyes, rastreando su evolución desde sus humildes comienzos hasta el fenómeno global que es hoy. Celebran los momentos icónicos y las figuras legendarias que han dejado una huella indeleble en el deporte, rindiendo homenaje a sus contribuciones y logros.

Además de los documentales, las películas inspiradas en los rallyes ofrecen al público una experiencia cinematográfica que combina drama, acción y suspenso. Estas narrativas ficticias, a menudo basadas en hechos o personajes reales, llevan la emoción y la intensidad de las carreras de rally a la gran pantalla, cautivando a los espectadores con emocionantes secuencias de carreras y convincentes arcos de personajes.

Además, los documentales y las películas sobre los rallyes tienen el poder de llegar a audiencias más allá de la comunidad del automovilismo, atrayendo a una amplia gama de espectadores con sus temas universales de perseverancia, determinación y triunfo sobre la adversidad. Sirven como poderosos medios narrativos que no solo entretienen, sino que también inspiran y educan.

Los documentales y películas sobre los rallyes sirven como plataformas invaluables para compartir las historias humanas detrás del deporte, celebrar su herencia y cautivar al público con su drama y emoción. Ya sea a través de documentales que ofrecen una mirada íntima a la vida de los pilotos y los equipos o películas que transportan a los espectadores a la acción trepidante de las etapas de los rallyes, estas producciones cinematográficas desempeñan un papel vital en la preservación y promoción del legado de los rallyes para las generaciones venideras.

La influencia de las redes sociales

Las redes sociales se han convertido en una fuerza poderosa en el mundo de las carreras de rally, revolucionando la forma en que los fanáticos se relacionan con el deporte y sus participantes. Con el auge de plataformas como Twitter, Instagram y YouTube, los aficionados tienen ahora un acceso sin precedentes al funcionamiento interno de los equipos de rally y a la vida de sus pilotos favoritos.

Uno de los impactos más significativos de las redes sociales en las carreras de rally es su capacidad para proporcionar a los fanáticos actualizaciones en tiempo real y contenido detrás de escena. A través de plataformas como Twitter e Instagram, los equipos y los pilotos pueden compartir fotos, videos y actualizaciones en vivo de los eventos de rally, lo que brinda a los fanáticos una visión de la acción a medida que se desarrolla. Esta comunicación directa e inmediata fomenta una sensación de intimidad y conexión entre los aficionados y el deporte, mejorando su experiencia general.

Además, las redes sociales han democratizado la participación de los aficionados, permitiéndoles interactuar directamente con los pilotos y los equipos de formas que antes eran imposibles. Los aficionados pueden comentar las publicaciones, hacer preguntas y compartir sus propias experiencias, creando una comunidad vibrante y dinámica de entusiastas de los rallyes. Esta comunicación bidireccional no solo fortalece la lealtad de los fanáticos, sino que también proporciona valiosos comentarios e información para los pilotos y los equipos.

Además, las redes sociales se han convertido en una plataforma para que los aficionados expresen su pasión y apoyo a las carreras de rally. Desde publicar fotos y videos de sus momentos favoritos hasta compartir predicciones y análisis de carreras, los fanáticos usan las redes sociales para celebrar el deporte y conectarse con personas de ideas afines en todo el mundo. Este sentido de comunidad y camaradería añade otra capa de disfrute a la experiencia del rally, fomentando un sentido de pertenencia entre los aficionados.

Además, las redes sociales han permitido que las carreras de rally lleguen a nuevas audiencias y grupos demográficos. Con la capacidad de compartir contenido a través de plataformas e interactuar con fanáticos en diferentes idiomas y regiones, los equipos y organizadores de rally pueden expandir su alcance y atraer a una base de fanáticos más diversa. Esta exposición más amplia no solo beneficia la popularidad del deporte, sino que también abre nuevas oportunidades de patrocinio y asociaciones.

Las redes sociales han tenido un profundo impacto en las carreras de rally, transformando la participación de los aficionados y amplificando el alcance y la influencia del deporte. Al proporcionar actualizaciones en tiempo real, fomentar la interacción de la comunidad y ampliar la demografía de la audiencia, las redes sociales se han convertido en una herramienta indispensable para la movilización en la era digital. A medida que el deporte continúa evolucionando, las redes sociales sin duda desempeñarán un papel cada vez más vital para dar forma a su futuro y conectar a los fanáticos de todo el mundo.

El papel de los influencers

En la era digital actual, los pilotos y equipos de rally han aprovechado las plataformas de redes sociales para convertirse en figuras influyentes, extendiendo su alcance más allá de la pista de carreras y en el ámbito en línea. A través del uso estratégico de plataformas como Instagram, Twitter y YouTube, los pilotos y los equipos han cultivado marcas personales, interactuando directamente con los fans y mostrando sus personalidades, habilidades y momentos entre bastidores.

Uno de los roles clave de los influencers en las carreras de rally es su capacidad para humanizar el deporte y crear conexiones personales con los fanáticos. Al compartir destellos de su vida diaria, rutinas de entrenamiento y preparativos para las carreras, los pilotos y los equipos ofrecen a los fanáticos una perspectiva más íntima y auténtica del deporte. Esta transparencia fomenta un sentido de lealtad y admiración entre los seguidores, que se sienten personalmente involucrados en el éxito y el viaje de sus pilotos y equipos favoritos.

Además, los influencers en las carreras de rally se han convertido en activos valiosos para los patrocinadores y socios, que reconocen el poder de las redes sociales para llegar e interactuar con el público objetivo. Al alinearse con pilotos y equipos populares, los patrocinadores pueden aprovechar su influencia para aumentar la visibilidad de la marca, impulsar el compromiso y, en última instancia, impulsar las ventas y la lealtad a la marca. Esta relación simbiótica entre influencers y patrocinadores ha dado lugar a innovadoras campañas de marketing y colaboraciones que capitalizan la autenticidad y credibilidad de los influencers de los rallyes.

Además, los influencers desempeñan un papel crucial en la expansión del alcance y el atractivo de las carreras de rally a nuevos grupos demográficos y audiencias. Al compartir contenido cautivador e interactuar con los fanáticos a través de diferentes plataformas, los pilotos y los equipos pueden atraer seguidores que pueden no haber estado expuestos previamente al deporte. Esta exposición más amplia no solo hace crecer la base de fans, sino que también abre nuevas oportunidades para asociaciones y fuentes de ingresos, consolidando aún más la influencia de los influencers de los rallyes en el panorama digital.

El papel de los influencers en las carreras de rally se extiende mucho más allá de la pista de carreras, dando forma a la forma en que los fanáticos se relacionan con el deporte y sus participantes en la era digital. A través de su autenticidad, accesibilidad y uso estratégico de las redes sociales, los pilotos y los equipos se han convertido en poderosos influencers, impulsando la participación de los fanáticos, atrayendo patrocinadores y expandiendo el alcance de las carreras de rally a nuevas audiencias en todo el mundo. A medida que la influencia de las redes sociales siga creciendo, también lo hará el papel de los influencers en la configuración del futuro de las carreras de rally.

Conclusión

Las carreras de rally se erigen como un deporte dinámico y cautivador que cautiva a los fanáticos de todo el mundo a través de su combinación única de velocidad, habilidad y aventura. A lo largo de su historia, las carreras de rally han evolucionado continuamente, adaptándose a los tiempos cambiantes y conservando la esencia de su atractivo principal. Desde sus humildes comienzos a finales del siglo XIX hasta su estatus actual como fenómeno global, las carreras de rally se han mantenido a la vanguardia de la innovación y la emoción del automovilismo.

Una de las características definitorias de las carreras de rally es su accesibilidad, lo que permite a los aficionados experimentar la emoción de la carrera de cerca y en persona. A diferencia de las carreras de circuito tradicionales, los eventos de rally se llevan a cabo en diversos terrenos, desde bosques remotos hasta bulliciosas calles de la ciudad, brindando a los espectadores una experiencia verdaderamente inmersiva y emocionante. Esta accesibilidad fomenta un fuerte sentido de comunidad entre los aficionados, que comparten la pasión por el deporte y se reúnen para celebrar sus emociones y desafíos.

Además, las carreras de rally han adoptado los medios digitales modernos, aprovechando el poder de las plataformas sociales y los servicios de transmisión para interactuar con los fanáticos de formas nuevas y emocionantes. A través de actualizaciones en vivo, contenido detrás de escena y experiencias interactivas, los organizadores de rallyes, pilotos y equipos han forjado conexiones más profundas con los fanáticos, acercándolos a la acción como nunca antes. Esta integración de los medios digitales no solo ha ampliado el alcance de las carreras de rally, sino que también ha introducido el deporte a nuevas audiencias en todo el mundo.

A medida que las carreras de rally continúan evolucionando, impulsadas por los avances en la tecnología y los cambios en las normas sociales, una cosa permanece constante: la pasión y el entusiasmo duraderos de sus fanáticos. Ya sea animando desde el banquillo o siguiendo la acción en línea, los entusiastas de los rallyes desempeñan un papel vital a la hora de dar forma al futuro del deporte, impulsar la innovación e inspirar a las nuevas generaciones de pilotos y equipos.

En los próximos años, las carreras de rally están preparadas para construir sobre su rico legado, abrazando nuevos desafíos y oportunidades mientras se mantienen fieles a sus raíces. A medida que el deporte continúa evolucionando, impulsado por el apoyo inquebrantable de su base de fanáticos dedicados, el futuro de las carreras de rally brilla con fuerza, prometiendo aún más emoción, aventura y momentos inolvidables dentro y fuera de la pista.

Capítulo 9: Gobernanza y Regulaciones

El papel de la FIA y otros órganos rectores en los rallyes

La Federación Internacional del Automóvil (FIA) desempeña un papel central en la gobernanza de las carreras de rally, estableciendo las normas y reglamentos que garantizan la equidad, la seguridad y la competitividad en todo el deporte. Este capítulo explora cómo la FIA y otros organismos rectores regionales han dado forma a la evolución de las carreras de rally a través de sus marcos regulatorios.

Estandarización de Reglas

La Federación Internacional del Automóvil (FIA), junto con otros organismos rectores regionales, se erige como el guardián de las carreras de rally, responsable de supervisar la integridad, la seguridad y el desarrollo del deporte. A través de un marco regulatorio integral, estas organizaciones se esfuerzan por mantener la esencia de las carreras de rally mientras se adaptan al panorama cambiante del automovilismo.

En el corazón del papel de la FIA en las carreras de rally está el establecimiento y la aplicación de las regulaciones que rigen varios aspectos del deporte. Estas regulaciones cubren todo, desde las especificaciones técnicas para los autos de rally hasta los estándares de seguridad para pilotos y espectadores. Al establecer directrices claras, la FIA garantiza la igualdad de condiciones para los competidores, al tiempo que prioriza la seguridad de todos los implicados.

Una de las funciones clave de la FIA es la organización y sanción de eventos de rally, incluido el prestigioso Campeonato Mundial de Rallyes (WRC). Trabajando en colaboración con los organismos rectores nacionales y los organizadores de eventos, la FIA coordina el calendario, garantiza el cumplimiento de las regulaciones y brinda apoyo para facilitar competiciones fluidas y exitosas.

Además, la FIA desempeña un papel vital en la promoción del crecimiento global y la accesibilidad de las carreras de rally. A través de iniciativas como la Pirámide de Rallyes de la FIA, que proporciona un camino para que los jóvenes pilotos progresen desde los eventos de base hasta las competiciones internacionales como el WRC, la FIA fomenta el desarrollo del talento y la diversidad dentro del deporte.

Además de sus funciones reguladoras y organizativas, la FIA sirve como plataforma para la colaboración y la innovación dentro de la comunidad de rallyes. Al reunir a las partes interesadas de toda la industria, incluidos fabricantes, equipos, patrocinadores y socios de los medios de comunicación, la FIA facilita el diálogo y la cooperación para abordar los desafíos y aprovechar las oportunidades para el avance de las carreras de rally.

Más allá de la FIA, los órganos rectores regionales desempeñan un papel crucial en el apoyo y la promoción de las carreras de rally a nivel local. Estas organizaciones trabajan en estrecha colaboración con las federaciones y clubes nacionales para organizar eventos regionales y de base, fomentando el talento y fomentando la participación de la comunidad.

La FIA y otros organismos rectores sirven como custodios de las carreras de rally, asegurando su continuo crecimiento, seguridad e integridad. A través de su supervisión regulatoria, gestión de eventos y apoyo al desarrollo de base, estas organizaciones desempeñan un papel fundamental en la configuración del presente y el futuro de las carreras de rally tanto a escala global como regional.

Normas de seguridad

Las normas de seguridad en las carreras de rally han experimentado una evolución significativa a lo largo de los años, impulsadas por el compromiso de minimizar los riesgos y garantizar el bienestar de los competidores, copilotos y espectadores. La Federación Internacional del Automóvil (FIA), en colaboración con otros órganos rectores, ha desempeñado un papel central en el establecimiento y la aplicación de estas regulaciones, que se han vuelto cada vez más estrictas y completas con el tiempo.

Uno de los avances más notables en las normas de seguridad ha sido la introducción de jaulas antivuelco obligatorias en los coches de rally. Estas estructuras, generalmente hechas de acero o aleación de alta resistencia, brindan una protección crucial a los ocupantes en caso de vuelco o colisión, lo que reduce el riesgo de lesiones graves o muerte.

Las jaulas antivuelco están meticulosamente diseñadas para soportar fuerzas inmensas y están sujetas a rigurosos procedimientos de prueba y certificación para garantizar su efectividad.

Además de las jaulas antivuelco, los coches de rally están equipados con una serie de características de seguridad diseñadas para mitigar el impacto de los accidentes. Los extintores de incendios, colocados estratégicamente dentro de la cabina y el compartimiento del motor, permiten a los conductores y copilotos suprimir rápidamente cualquier incendio que pueda ocurrir después de un choque o falla mecánica. Los arneses y asientos de seguridad avanzados brindan a los ocupantes protección adicional, lo que minimiza el riesgo de latigazo cervical y otras lesiones durante los impactos a alta velocidad.

Además, los avances en la tecnología de cascos y trajes de carreras han contribuido a mejorar la seguridad de los pilotos en las carreras de rally. Los cascos modernos están fabricados con materiales ligeros pero duraderos, como la fibra de carbono y el kevlar, y cuentan con sistemas de comunicación integrados para facilitar la comunicación entre el conductor y el copiloto. Los trajes de competición están diseñados para proporcionar resistencia al fuego y protección contra impactos, incorporando capas de tejido ignífugo y materiales que absorben la energía.

La FIA revisa y actualiza regularmente las normas de seguridad en respuesta a los nuevos desarrollos y tecnologías emergentes en el deporte. Este proceso continuo de refinamiento garantiza que los estándares de seguridad permanezcan a la vanguardia de las carreras de rally, adaptándose a las condiciones y circunstancias cambiantes. Además, la FIA colabora estrechamente con fabricantes, equipos y expertos en seguridad para identificar áreas de mejora e implementar medidas para mejorar la seguridad en todos los aspectos del deporte.

Las normas de seguridad desempeñan un papel fundamental en las carreras de rally, ya que dan forma al diseño de los coches de rally y al equipamiento que llevan los competidores. A través de la innovación continua y el cumplimiento de estrictos estándares, la FIA y otros organismos rectores se esfuerzan por crear un entorno más seguro para los participantes, al tiempo que preservan la emoción y la competitividad de las carreras de rally.

Cómo las regulaciones han dado forma al panorama competitivo

Las regulaciones sirven como el marco dentro del cual operan las carreras de rally, dando forma no solo a los estándares de seguridad, sino también al panorama competitivo del deporte. Estas reglas y especificaciones, establecidas por organizaciones como la Federación Internacional del Automóvil

(FIA), desempeñan un papel fundamental en la definición de los parámetros dentro de los cuales los equipos y los fabricantes pueden operar, influyendo en todo, desde el diseño del vehículo hasta las estrategias de carrera.

Una de las formas clave en que las regulaciones impactan en el panorama competitivo es a través de las especificaciones de los vehículos. Parámetros como el tamaño del motor, los límites de peso y las modificaciones permitidas influyen directamente en el potencial de rendimiento de los coches de rally, creando distintas categorías o clases dentro de las cuales los equipos deben competir. Por ejemplo, las restricciones en la cilindrada del motor o el tamaño del turbocompresor pueden favorecer a ciertos tipos de vehículos sobre otros, lo que lleva a los fabricantes a adaptar sus diseños y estrategias en consecuencia.

Además, los cambios en las regulaciones pueden tener profundos efectos en el equilibrio de poder entre los competidores. Las modificaciones de las especificaciones técnicas, como la introducción de nuevas características de seguridad o la adopción de tecnologías alternativas de propulsión, pueden requerir ajustes en el diseño y la configuración del vehículo, nivelar el campo de juego o favorecer a los equipos con los recursos y la experiencia para adaptarse rápidamente.

Las regulaciones también afectan el aspecto estratégico de las carreras de rally, influyendo en las decisiones relacionadas con la configuración del vehículo, la elección de neumáticos y las tácticas de carrera. Los equipos deben navegar por los matices de las regulaciones para optimizar su rendimiento dentro de las limitaciones impuestas por los órganos rectores. Por ejemplo, las restricciones en el consumo de combustible o el uso de neumáticos pueden requerir que los equipos empleen estilos de conducción conservadores o estrategias estratégicas de parada en boxes para conservar los recursos en el transcurso de un evento de rally.

Además, las regulaciones pueden impulsar la innovación dentro del deporte, lo que impulsa a los fabricantes y equipos a desarrollar nuevas tecnologías y soluciones de ingeniería para obtener una ventaja competitiva. La búsqueda del cumplimiento de las regulaciones al tiempo que se maximiza el rendimiento fomenta una cultura de innovación y mejora continua, lo que conduce a avances que benefician tanto a las carreras de rally como a la industria automotriz en general.

En general, las regulaciones juegan un papel fundamental en la configuración del panorama competitivo de las carreras de rally, proporcionando el marco dentro del cual operan los equipos y los fabricantes. Al establecer estándares de seguridad, especificaciones de vehículos y procedimientos de carrera, las regulaciones garantizan la equidad, la competitividad y la evolución continua del deporte. A medida que las carreras de rally continúen evolucionando, las regulaciones seguirán siendo una piedra angular de su gobernanza, guiando su crecimiento y desarrollo en los próximos años.

Introducción de tecnologías híbridas

La incorporación de tecnologías híbridas en los coches de rally representa un hito importante en la evolución del deporte, marcando un cambio decisivo hacia la sostenibilidad y la responsabilidad medioambiental. La introducción de sistemas híbridos, exigida por la Federación Internacional del Automóvil (FIA) a través de su reglamento Rally1, refleja no solo el panorama cambiante de los deportes de motor, sino también el imperativo social más amplio de reducir las emisiones de carbono y minimizar el impacto ambiental.

Las tecnologías híbridas, que combinan los motores de combustión interna tradicionales con los sistemas de propulsión eléctrica, ofrecen varias ventajas en el contexto de las carreras de rally. Al aprovechar tanto la gasolina como la energía eléctrica, los autos de rally híbridos pueden lograr una mayor eficiencia de combustible y emisiones reducidas, alineándose con el imperativo de la transición hacia fuentes de energía más limpias. Este cambio hacia los sistemas de propulsión híbridos también sirve como campo de pruebas para el desarrollo de tecnologías automotrices avanzadas que se pueden aplicar a los vehículos convencionales, impulsando la innovación y el progreso en la industria automotriz en su conjunto.

La adopción de tecnologías híbridas en los coches de rally tiene implicaciones significativas para el rendimiento del vehículo y la dinámica de la carrera. Los motores eléctricos proporcionan un par y una aceleración instantáneos, complementando la entrega de potencia de los motores de combustión interna y mejorando el rendimiento general en las etapas de rally. Además, los sistemas de frenado regenerativo, que capturan y almacenan energía durante la desaceleración, se pueden utilizar para recargar las baterías y proporcionar aumentos de potencia adicionales, optimizando la utilización de la energía y mejorando la eficiencia de la carrera.

Desde el punto de vista normativo, la introducción de tecnologías híbridas representa una respuesta proactiva a la creciente demanda de prácticas sostenibles en los deportes de motor. El reglamento de Rally1, que exige que todos los vehículos de primer nivel del WRC incorporen sistemas híbridos, demuestra el compromiso de la FIA de promover la gestión medioambiental al tiempo que mantiene la competitividad y la emoción de las carreras de rally. Al exigir el uso de sistemas de propulsión híbridos, la FIA pretende posicionar las carreras de rally como líder en el automovilismo sostenible, dando ejemplo a seguir para otras disciplinas de carreras.

Además, la introducción de tecnologías híbridas en los coches de rally tiene implicaciones más amplias para la industria del automóvil y la sociedad en su conjunto. A medida que los fabricantes desarrollan y perfeccionan los sistemas de propulsión híbridos para la competición, los conocimientos y las perspectivas adquiridos en las carreras de rally pueden transferirse al desarrollo de vehículos de carretera, acelerando la transición hacia la electrificación y contribuyendo al avance de las tecnologías de transporte limpio.

La introducción de tecnologías híbridas en los coches de rally representa un momento crucial en la historia del deporte, señalando un cambio hacia la sostenibilidad y la conciencia medioambiental. Al adoptar sistemas de propulsión híbridos, las carreras de rally no solo se alinean con los esfuerzos globales para combatir el cambio climático, sino que también impulsan la innovación y el progreso en la tecnología automotriz. A medida que los coches de rally siguen evolucionando y adaptándose a las demandas de la era moderna, las tecnologías híbridas desempeñarán un papel cada vez más integral en la configuración del futuro del deporte.

Desafíos y controversias en la regulación

La regulación de las carreras de rally presenta un complejo conjunto de desafíos y controversias que requieren una navegación cuidadosa por parte de los organismos rectores, fabricantes, equipos y partes interesadas dentro del deporte. Estos desafíos a menudo giran en torno a lograr un equilibrio entre garantizar la equidad, la seguridad y la competitividad, al tiempo que fomentan la innovación y preservan la esencia de las carreras de rally.

Uno de los principales desafíos en la regulación se deriva de los desacuerdos entre las partes interesadas con respecto a la interpretación y aplicación de las normas. Los fabricantes y los equipos pueden abogar por regulaciones que se alineen con sus intereses competitivos, lo que a veces puede entrar en conflicto con los objetivos más amplios establecidos por los organismos rectores como la Fédération Internationale de l'Automobile (FIA). Estos desacuerdos pueden dar lugar a debates polémicos sobre cuestiones como la contención de costes, las restricciones tecnológicas y la introducción de nuevas normas o cambios en las existentes.

La contención de costes es otro reto importante en la regulación de los rallyes. El desarrollo y mantenimiento de los coches de rally, especialmente en los niveles más altos de competición, puede ser prohibitivamente caro, lo que supone barreras de entrada para los equipos más pequeños y los privados. Lograr un equilibrio entre la promoción de la innovación tecnológica y la garantía de asequibilidad y accesibilidad para todos los participantes es un reto constante para los organismos reguladores.

Las restricciones tecnológicas también presentan una fuente de controversia en la regulación de los rallyes. Si bien las regulaciones son necesarias para mantener unas condiciones de competencia equitativas y evitar la explotación de lagunas, las normas excesivamente restrictivas pueden sofocar la innovación y obstaculizar el progreso de la tecnología automotriz. Encontrar el equilibrio adecuado entre permitir los avances tecnológicos y mantener la paridad competitiva es esencial para la sostenibilidad y el crecimiento a largo plazo del deporte.

Además, el equilibrio entre innovación y tradición es un tema perenne en la regulación de los rallyes. Si bien la innovación impulsa el progreso y la emoción en el deporte, a menudo hay resistencia al cambio por parte de los tradicionalistas que valoran la herencia y el legado de las carreras de rally. Equilibrar la introducción de nuevas tecnologías y formatos con el respeto por las raíces y tradiciones del deporte es una tarea delicada para los organismos reguladores.

Las controversias en materia de reglamentación

también pueden surgir de las diferencias en la interpretación y aplicación de las normas, así como de las distintas prioridades e intereses de las distintas partes interesadas. Las disputas sobre sanciones, infracciones técnicas y otros asuntos regulatorios a veces pueden convertirse en batallas legales prolongadas, socavando la integridad y la credibilidad del deporte.

La regulación de las carreras de rally es una tarea compleja y multifacética que requiere una cuidadosa consideración de los intereses y prioridades contrapuestos. Los desafíos y controversias en la regulación son inevitables en un deporte tan dinámico y diverso como las carreras de rally, pero también presentan oportunidades de crecimiento, innovación y evolución. Al fomentar el diálogo, la colaboración y la transparencia entre las partes interesadas, los organismos reguladores pueden sortear estos desafíos y garantizar el éxito continuo y la sostenibilidad de las carreras de rally.

Equilibrio entre los costes y la competencia

Equilibrar los costes y la competencia es un reto delicado y continuo en la gobernanza de los rallyes, que requiere una cuidadosa consideración de varios factores para garantizar la sostenibilidad y la accesibilidad del deporte, manteniendo al mismo tiempo su ventaja competitiva y su innovación tecnológica.

Una de las principales preocupaciones relacionadas con el costo en las carreras de rally es el alto gasto asociado con el desarrollo y mantenimiento de autos de rally competitivos. La búsqueda constante de mejoras en el rendimiento a menudo requiere una inversión significativa en investigación, desarrollo y pruebas, lo que puede crear barreras de entrada para equipos más pequeños y privados con presupuestos limitados. Esta concentración de recursos entre un puñado de equipos bien financiados puede resultar en una reducción de la competencia y la diversidad dentro del deporte, socavando su viabilidad y atractivo a largo plazo.

Para hacer frente a estas preocupaciones, los órganos rectores, como la Federación Internacional del Automóvil (FIA), han aplicado diversas medidas de limitación de costos destinadas a controlar los gastos y promover la asequibilidad y la accesibilidad para todos los participantes. Estas medidas pueden incluir restricciones en el uso de ciertos materiales o tecnologías costosas, límites en las actividades de prueba y desarrollo, y la introducción de componentes más estandarizados para reducir la necesidad de ingeniería y fabricación a medida.

Sin embargo, la aplicación de medidas de limitación de costos no está exenta de desafíos y controversias. Si bien estas medidas pueden ayudar a nivelar el campo de juego y hacer que las carreras de rally sean más accesibles para una gama más amplia de competidores, también pueden enfrentar la resistencia de los fabricantes, equipos y otras partes interesadas que pueden verlas como demasiado restrictivas o perjudiciales para la innovación y la competitividad. Lograr el equilibrio adecuado entre el control de los costos y la preservación del espíritu de competencia y avance tecnológico es un proceso complejo y continuo que requiere un examen cuidadoso de los intereses y prioridades de todas las partes involucradas.

Además, la eficacia de las medidas de limitación de costos para alcanzar los objetivos previstos puede variar en función de factores como los mecanismos de aplicación, las lagunas en los reglamentos y el ritmo del desarrollo tecnológico. Los organismos reguladores deben monitorear y evaluar continuamente el impacto de estas medidas para asegurarse de que están logrando los resultados deseados sin consecuencias no deseadas.

Equilibrar los costes y la competencia es un reto

multifacético en la gobernanza de los rallyes que requiere un enfoque matizado y dinámico. Mediante la aplicación de medidas específicas de limitación de costes y el fomento de una cultura de innovación y eficiencia, los órganos rectores pueden ayudar a garantizar la sostenibilidad y la accesibilidad a largo plazo de las carreras de rally, manteniendo al mismo tiempo su destreza competitiva y tecnológica.

El futuro de las regulaciones de los rallyes

El futuro de las regulaciones de los rallyes promete ser dinámico y multifacético, impulsado por una combinación de innovación tecnológica, consideraciones económicas y prioridades sociales cambiantes. A medida que el deporte navega por nuevas fronteras y desafíos, los organismos rectores como la Federación Internacional del Automóvil (FIA) desempeñarán un papel crucial en la configuración del marco regulatorio para garantizar el crecimiento continuo, la competitividad y la sostenibilidad de las carreras de rally.

Es probable que una de las áreas de enfoque más importantes para las futuras regulaciones de rally sea la integración de vehículos eléctricos (EV) en la competencia. Dado que la industria automotriz adopta cada vez más la electrificación como un medio para reducir las emisiones de carbono y mitigar el cambio climático, las carreras de rally deberán adaptarse para adaptarse a este cambio. Las regulaciones de Rally1 de la FIA, que exigen el uso de sistemas de propulsión híbridos en los vehículos de primer nivel del WRC, representan un paso en esta dirección, pero se espera que los nuevos desarrollos en la tecnología e infraestructura de vehículos eléctricos influyan en las regulaciones futuras.

Además de abordar los aspectos tecnológicos de los vehículos eléctricos e híbridos, las regulaciones de los rallyes también deberán considerar las implicaciones más amplias para la competencia, la seguridad y la experiencia del espectador. Desafíos como la autonomía de la batería, la infraestructura de carga y la gestión de la energía eléctrica en condiciones de rally deberán abordarse cuidadosamente para garantizar la igualdad de condiciones y mantener la emoción y la intensidad del deporte.

Otra cuestión emergente en la regulación de los rallyes es la creciente importancia de la privacidad y la seguridad de los datos, especialmente en relación con los sistemas de telemetría y seguimiento GPS utilizados en los coches de rally modernos. A medida que estas tecnologías se vuelven más sofisticadas y prevalentes, las preocupaciones sobre la privacidad de los datos y las posibles vulnerabilidades deberán abordarse a través de regulaciones claras y medidas sólidas de ciberseguridad.

Además, la expansión global de las carreras de rally

presenta tanto oportunidades como desafíos para los organismos reguladores. A medida que el deporte llegue a nuevos mercados y grupos demográficos, los marcos regulatorios deberán adaptarse a diversas consideraciones culturales, ambientales y logísticas, al tiempo que mantienen la coherencia y la equidad en las diferentes regiones.

En general, es probable que el futuro de las regulaciones de los rallyes se caracterice por un compromiso con la innovación, la sostenibilidad y la inclusión. Al adoptar nuevas tecnologías, abordar los desafíos emergentes e involucrar a las partes interesadas en colaboración, los órganos rectores pueden garantizar que las carreras de rally sigan siendo un deporte dinámico y atractivo en los próximos años.

Conclusión

La gobernanza y la regulación de las carreras de rally son pilares fundamentales que sustentan la integridad, la seguridad y la competitividad del deporte. Desde el establecimiento de normas técnicas hasta la definición de protocolos de seguridad y la gestión de la estructura general de los eventos, los organismos rectores como la Federación Internacional del Automóvil (FIA) desempeñan un papel vital en la configuración de todos los aspectos de las carreras de rally.

A medida que las carreras de rally continúan evolucionando, la relación entre estos órganos rectores y la comunidad de rally en general se vuelve cada vez más importante. La colaboración y la comunicación entre los reguladores, los fabricantes, los equipos, los pilotos y los aficionados son esenciales para sortear los complejos desafíos y aprovechar las oportunidades que surgen en el panorama siempre cambiante del automovilismo.

La interacción dinámica entre los órganos rectores y las partes interesadas garantiza que las carreras de rally sigan siendo una competencia emocionante pero segura y justa para todos los involucrados. Al equilibrar la innovación con la tradición, la competencia con la inclusión y la seguridad con el espectáculo, los reguladores pueden mantener el espíritu de las carreras de rally al tiempo que adoptan los avances y las tendencias que definen el futuro del deporte.

En esencia, la conclusión es clara: las carreras de rally prosperan cuando la gobernanza y la regulación trabajan de la mano con la pasión, la dedicación y la creatividad de la comunidad de rallyes. Juntos, impulsan el deporte hacia un futuro dinámico y emocionante, asegurando que las carreras de rally continúen cautivando al público e inspirando a los entusiastas de todo el mundo.

Capítulo 10: El futuro de las carreras de rally

Tecnologías emergentes y su impacto potencial

A medida que las carreras de rally miran hacia el futuro, las tecnologías emergentes prometen revolucionar el deporte de muchas maneras. Uno de los avances más significativos se encuentra en el ámbito de las ayudas a la conducción autónoma. Si bien la idea de los autos de rally totalmente autónomos aún puede estar en el horizonte, la integración de características semiautónomas podría mejorar en gran medida la seguridad y el rendimiento del conductor.

Los sistemas avanzados de telemetría son otra área de desarrollo con profundas implicaciones para las carreras de rally. El análisis de datos en tiempo real puede proporcionar a los equipos información invaluable sobre el rendimiento del vehículo, las condiciones de la pista y las estrategias de la competencia, lo que permite una toma de decisiones más informada durante las carreras. Este enfoque mejorado basado en datos tiene el potencial de optimizar las estrategias de los equipos y mejorar el rendimiento general en la etapa de rally.

Los sistemas de propulsión sostenibles, incluidas las tecnologías eléctricas e híbridas, también están preparados para tener un impacto significativo en las carreras de rally. Con un énfasis cada vez mayor en la sostenibilidad ambiental, la adopción de sistemas de propulsión eléctricos e híbridos puede reducir la huella de carbono del deporte y, al mismo tiempo, ampliar los límites del rendimiento y la eficiencia. Estos sistemas de propulsión más limpios y eficientes no solo se alinean con las tendencias sociales más amplias hacia la sostenibilidad, sino que también presentan nuevos desafíos de ingeniería y oportunidades para la innovación dentro del deporte.

Además, es probable que los avances en la ciencia de los materiales, como los compuestos ligeros y las aleaciones avanzadas, mejoren aún más el rendimiento y la durabilidad de los coches de rally. Al reducir el peso y mejorar la integridad estructural, estos materiales pueden dar lugar a vehículos más rápidos, ágiles y seguros, lo que en última instancia eleva el listón de la competencia en las carreras de rally.

En resumen, las tecnologías emergentes tienen el potencial de revolucionar las carreras de rally de múltiples maneras, desde mejorar la seguridad y el rendimiento del conductor a través de ayudas a la conducción autónoma y sistemas avanzados de telemetría hasta promover la sostenibilidad ambiental con sistemas de propulsión eléctricos e híbridos. A medida que estas tecnologías continúan madurando e integrándose en el deporte, las carreras de rally están preparadas para entrar en una nueva era de innovación y emoción, consolidando su estatus como uno de los deportes de motor más dinámicos y cautivadores del mundo.

Tecnología de conducción autónoma y asistida

La integración de la tecnología de conducción autónoma y asistida representa un avance significativo en las carreras de rally, aunque con un conjunto único de desafíos y consideraciones. A diferencia de los vehículos de carretera convencionales, donde el objetivo de la conducción autónoma suele ser minimizar la intervención humana, en las carreras de rally, el objetivo principal es mejorar el rendimiento y la seguridad del conductor, preservando al mismo tiempo la esencia de la habilidad y la precisión humanas.

Es poco probable que los coches de rally totalmente autónomos se conviertan en una realidad en un futuro próximo, dada la naturaleza compleja y dinámica de las etapas de rally, que a menudo presentan terrenos impredecibles y condiciones que cambian rápidamente. Sin embargo, las tecnologías de conducción asistida ofrecen un término medio prometedor, proporcionando a los conductores apoyo y control adicionales sin restar valor a la emoción y el desafío del deporte.

Un área en la que la tecnología de conducción autónoma y asistida puede tener un impacto significativo es en la mejora de la estabilidad y el control del vehículo. Características como los sistemas avanzados de control de estabilidad pueden ayudar a los conductores a mantener una tracción y estabilidad óptimas, especialmente cuando navegan por terrenos difíciles o ejecutan maniobras a alta velocidad. Los sistemas de frenos antibloqueo (ABS) que se adaptan a diferentes superficies, como grava, barro o asfalto, también pueden mejorar el rendimiento de frenado y reducir el riesgo de derrape o pérdida de control.

Además, las tecnologías de conducción asistida pueden aumentar las capacidades del conductor al proporcionar información y asistencia en tiempo real durante las carreras. Por ejemplo, los sensores y cámaras integrados en el vehículo pueden monitorear continuamente las condiciones de la carretera y proporcionar información al conductor, ayudándolo a anticipar y reaccionar ante obstáculos o peligros de manera más efectiva. Además, los algoritmos de análisis predictivo pueden analizar datos de etapas anteriores para anticipar los próximos desafíos y sugerir estrategias de conducción óptimas.

En general, aunque los coches de rally totalmente autónomos pueden seguir siendo una perspectiva lejana, la integración de las tecnologías de conducción asistida tiene un inmenso potencial para mejorar la seguridad y el rendimiento en las carreras de rally. Al proporcionar a los conductores un mayor control y apoyo, estas tecnologías pueden ayudar a preservar la naturaleza dinámica y desafiante del deporte, al tiempo que garantizan la seguridad de los competidores y los espectadores por igual. A medida que estas tecnologías continúan evolucionando y madurando, están preparadas para convertirse en herramientas indispensables para los equipos de rally, mejorando aún más la emoción y la competitividad de las carreras de rally.

Telemetría avanzada y análisis de datos

La telemetría avanzada y el análisis de datos se han convertido en componentes integrales de las carreras de rally modernas, revolucionando la forma en que los equipos monitorean y optimizan el rendimiento del vehículo en tiempo real. La telemetría se refiere a la recopilación remota de datos de los sensores instalados en el coche de rally, que puede incluir información sobre los parámetros del motor, el comportamiento de la suspensión, la presión de los neumáticos e incluso las entradas del conductor. Esta gran cantidad de datos se transmite de forma inalámbrica a los ingenieros y analistas del equipo, que luego utilizan un software sofisticado para interpretarlos y analizarlos.

Una de las principales ventajas de la telemetría avanzada es su capacidad para proporcionar a los equipos información en tiempo real sobre el rendimiento del vehículo y las condiciones de la pista. Al monitorear continuamente métricas clave como las RPM del motor, la temperatura y el consumo de combustible, los equipos pueden tomar decisiones basadas en datos durante las carreras, como ajustar el mapeo del motor o la presión de los neumáticos para optimizar el rendimiento en diferentes etapas o tipos de terreno. Esta agilidad y adaptabilidad son esenciales en las carreras de rally, donde las condiciones pueden cambiar rápidamente y las decisiones en fracciones de segundo pueden determinar el resultado de una carrera.

Además, la telemetría avanzada permite a los equipos realizar un análisis más exhaustivo después de la carrera, lo que les permite identificar áreas de mejora y refinar sus estrategias para eventos futuros. Al correlacionar los datos de múltiples sensores y compararlos con la telemetría de carreras o sesiones de prueba anteriores, los equipos pueden obtener información valiosa sobre la efectividad de diferentes configuraciones de configuración y técnicas de conducción. Este proceso iterativo de análisis y optimización de datos es crucial para seguir siendo competitivo en el dinámico mundo de las carreras de rally.

Otra aplicación clave de la telemetría avanzada es el mantenimiento predictivo, que implica el uso de análisis de datos para anticipar y prevenir fallas mecánicas antes de que ocurran. Al monitorear continuamente parámetros como la temperatura del motor, la presión del aceite y el desgaste de los componentes, los equipos pueden identificar posibles problemas desde el principio y tomar medidas proactivas para abordarlos, como ajustar la configuración del motor o reemplazar las piezas desgastadas durante las pausas de servicio. Este enfoque proactivo no solo minimiza el riesgo de costosas averías durante las carreras, sino que también maximiza la fiabilidad y durabilidad del coche de rally en el transcurso de una temporada agotadora.

La telemetría avanzada y el análisis de datos han transformado la forma en que los equipos de rally monitorean y optimizan el rendimiento del vehículo, proporcionando información en tiempo real que permite la toma de decisiones y el mantenimiento predictivo en fracciones de segundo. Al aprovechar esta tecnología, los equipos pueden seguir siendo competitivos en el vertiginoso mundo de las carreras de rally, refinando continuamente sus estrategias y maximizando la fiabilidad y el rendimiento de sus vehículos. A medida que los sistemas de telemetría continúan evolucionando y mejorando, están preparados para desempeñar un papel aún más importante en la configuración del futuro de las carreras de rally, impulsando la innovación y la excelencia en el deporte.

Tecnologías de propulsión sostenibles

El cambio hacia sistemas de propulsión híbridos y eléctricos en las carreras de rally representa un paso significativo hacia un futuro más ecológico para el deporte. Con las preocupaciones medioambientales a la vanguardia de la conciencia mundial, las carreras de rally deben adoptar la sostenibilidad para alinearse con objetivos sociales más amplios y garantizar su relevancia continua en el mundo moderno.

Los sistemas de propulsión híbridos y eléctricos ofrecen varias ventajas sobre los motores de combustión tradicionales, como la reducción de las emisiones de carbono y la mejora de la eficiencia energética. Al incorporar motores eléctricos y paquetes de baterías en los coches de rally, los equipos pueden minimizar su huella medioambiental y, al mismo tiempo, ofrecer vehículos de alto rendimiento capaces de afrontar las etapas de rally más duras.

La transición a las tecnologías híbridas y eléctricas presenta nuevos desafíos tanto para los ingenieros como para los conductores. Los sistemas de propulsión eléctricos tienen una dinámica y limitaciones diferentes en comparación con los motores de combustión, lo que obliga a los equipos a replantearse su enfoque del diseño de los vehículos, la gestión de la energía y la estrategia durante las carreras. Para los pilotos, adaptarse a las características de los coches de rally eléctricos, como la entrega instantánea de par y el frenado regenerativo, requerirá un cambio en las técnicas de conducción y la mentalidad.

Más allá de las innovaciones tecnológicas, la sostenibilidad en los rallyes también abarca consideraciones más amplias de gestión y organización de eventos. Los organizadores del rally deben dar prioridad a las prácticas respetuosas con el medio ambiente, como la minimización de los residuos, la reducción de las emisiones de carbono de la logística y el transporte, y la promoción del turismo sostenible en las regiones anfitrionas. Estos esfuerzos no solo demuestran un compromiso con el cuidado del medio ambiente, sino que también mejoran la reputación del deporte y atraen a los fanáticos y patrocinadores conscientes del medio ambiente.

La posible introducción de series de rally totalmente eléctricas representa la próxima frontera en el viaje hacia la sostenibilidad del deporte. Si bien tal movimiento sin duda plantearía desafíos, incluidos los requisitos de infraestructura y las limitaciones de alcance, también presentaría una oportunidad para mostrar las capacidades de los vehículos eléctricos en condiciones extremas de carrera. Además, una serie de rally totalmente eléctrica alinearía las carreras de rally con los objetivos globales de sostenibilidad y posicionaría al deporte como líder en la transición hacia tecnologías de transporte más limpias.

La sostenibilidad es un tema apremiante para las carreras de rally, y la adopción de sistemas de propulsión híbridos y eléctricos representa un paso crucial hacia un futuro más verde. Al adoptar tecnologías ecológicas y prácticas sostenibles, las carreras de rally no solo pueden reducir su impacto ambiental, sino también seguir siendo relevantes y atractivas en un mundo que cambia rápidamente. La posible introducción de series de rally totalmente eléctricas es prometedora para seguir avanzando en la agenda de sostenibilidad del deporte y consolidar su posición como un deporte de motor responsable y con visión de futuro.

Minimización de la huella ambiental

Minimizar la huella ambiental de los eventos de rally es un aspecto esencial para garantizar la sostenibilidad y la aceptación a largo plazo del deporte. Con la creciente preocupación mundial por el cambio climático y la degradación ambiental, los organizadores, los equipos y las partes interesadas del rally deben implementar medidas de manera proactiva para reducir el impacto ecológico de sus actividades.

Un área importante de enfoque es la reducción de las emisiones de viajes asociadas con los eventos de rally. Dada la naturaleza internacional de las carreras de rally, los equipos, el equipo y los espectadores a menudo viajan largas distancias para llegar a los lugares de los eventos. Para mitigar la huella de carbono de los viajes, los organizadores del rally pueden optimizar las rutas logísticas y de transporte, utilizar vehículos más eficientes en el consumo de combustible y promover el uso compartido del coche y las opciones de transporte público para los asistentes.

Además, los organizadores de rallyes pueden adoptar prácticas sostenibles en la construcción y gestión de la infraestructura del evento. Las estructuras temporales, como los parques de servicio, las áreas de espectadores y los centros de medios, a menudo se erigen en áreas ambientalmente sensibles. Mediante el uso de materiales ecológicos, la minimización de residuos y la implementación de sistemas eficientes de gestión de la energía y el agua, los organizadores pueden minimizar el impacto medioambiental de estas estructuras sin dejar de satisfacer las necesidades del evento.

La preservación y restauración de los entornos naturales es otro aspecto crucial para minimizar la huella ambiental de los eventos de rally. Las etapas del rally a menudo atraviesan diversos paisajes, incluidos bosques, montañas y regiones costeras. Para garantizar la salud y la biodiversidad a largo plazo de estos ecosistemas, los organizadores del rally deben trabajar en estrecha colaboración con expertos ambientales y autoridades locales para minimizar la alteración del hábitat, prevenir la erosión del suelo y restaurar cualquier área que se vea afectada negativamente por el evento.

Además de estas medidas, los organizadores de rallyes también pueden implementar iniciativas para compensar el impacto ambiental de sus eventos. Esto puede incluir programas de plantación de árboles, proyectos de restauración de hábitats y asociaciones con organizaciones conservacionistas para proteger y preservar las áreas naturales afectadas por las actividades de la manifestación.

En general, minimizar la huella ambiental de los eventos de rally requiere un enfoque integral y proactivo que considere todo el ciclo de vida del evento, desde la planificación y la logística hasta la ejecución y la restauración posterior al evento. Al adoptar prácticas sostenibles y adoptar tecnologías respetuosas con el medio ambiente, los organizadores de rallyes pueden garantizar que el deporte siga siendo compatible con los objetivos de conservación del medio ambiente y mantenga su licencia social para operar en un mundo cada vez más consciente del medio ambiente.

Promoción de prácticas respetuosas con el medio ambiente

La promoción de prácticas ecológicas en las carreras de rally abarca algo más que los coches en la pista; Se extiende a todos los aspectos del deporte, incluido el patrocinio de eventos, la comercialización y la participación de los fanáticos. Los organizadores, los equipos y las partes interesadas del rally reconocen la importancia de la gestión ambiental y están tomando medidas proactivas para minimizar el impacto ecológico de sus actividades.

Una forma en que las carreras de rally pueden promover prácticas ecológicas es mediante el uso de materiales sostenibles para la mercancía. Los eventos de rally a menudo cuentan con una amplia gama de productos de marca, que incluyen ropa, accesorios y recuerdos. Mediante el uso de algodón orgánico, materiales reciclados y técnicas de impresión ecológicas, los organizadores del rally pueden reducir la huella ambiental de su mercancía y promover la sostenibilidad entre los aficionados.

Además, la reducción de residuos en los eventos es otro aspecto clave para promover prácticas ecológicas en las carreras de rally. Los eventos de rally pueden generar cantidades significativas de desechos, incluidas botellas de plástico, envases de alimentos y materiales promocionales. Para abordar este problema, los organizadores pueden implementar programas de reciclaje, proporcionar contenedores de compostaje para desechos orgánicos y alentar a los asistentes a traer recipientes y utensilios reutilizables.

Participar en los esfuerzos de conservación local también es esencial para que las carreras de rally contribuyan a la gestión ambiental. Muchos eventos de rally tienen lugar en entornos naturales, incluidos bosques, montañas y zonas costeras. Al asociarse con organizaciones locales de conservación, los organizadores del rally pueden apoyar proyectos de restauración de hábitats, iniciativas de conservación de la vida silvestre y programas de educación ambiental que beneficien a las comunidades y los ecosistemas donde se llevan a cabo los eventos.

Además de estos esfuerzos, no se puede exagerar el papel de los aficionados y los medios de comunicación en la configuración del futuro de las carreras de rally. A medida que las plataformas digitales continúen creciendo y surjan nuevas tecnologías de medios, los fanáticos tendrán aún más oportunidades de participar en el deporte de manera inmersiva e interactiva. Las plataformas de redes sociales, los servicios de transmisión en vivo y las experiencias de realidad virtual ofrecen a los fanáticos un acceso sin precedentes a eventos de rally y contenido detrás de escena, lo que les permite conectarse con sus pilotos y equipos favoritos de formas nuevas y emocionantes.

En última instancia, la promoción de prácticas ecológicas en las carreras de rally requiere la colaboración y el compromiso de todas las partes interesadas, incluidos los organizadores, los equipos, los patrocinadores, los aficionados y los medios de comunicación. Al adoptar prácticas sostenibles, minimizar los desechos y participar en los esfuerzos de conservación locales, las carreras de rally pueden contribuir a la administración ambiental mientras continúan brindando experiencias emocionantes e inmersivas para los fanáticos de todo el mundo.

Realidad Virtual y Aumentada

Las tecnologías de realidad virtual y aumentada (VR y AR) están preparadas para revolucionar la forma en que los fanáticos experimentan las carreras de rally. Estas tecnologías inmersivas ofrecen oportunidades sin precedentes para acercar a los fanáticos a la acción, proporcionando paseos virtuales y experiencias de visualización interactivas que mejoran el compromiso y la emoción.

La realidad virtual permite a los aficionados experimentar las carreras de rally desde la perspectiva de un piloto o copiloto, sumergiéndose en la trepidante acción mientras los coches atraviesan sinuosos senderos forestales, navegan por traicioneras curvas cerradas y se elevan sobre saltos. A través de cascos de realidad virtual o experiencias de video inmersivas, los fanáticos pueden sentirse como si estuvieran sentados en el asiento del conductor, experimentando la emoción y la adrenalina de las carreras de rally de primera mano.

La realidad aumentada, por otro lado, superpone información digital al entorno del mundo real, creando experiencias interactivas que combinan los mundos virtual y físico. Con la realidad aumentada, los aficionados pueden utilizar sus teléfonos inteligentes o tabletas para ver los eventos de los rallyes en directo y acceder a información adicional, como las estadísticas de los pilotos, los mapas de las etapas y los datos de telemetría en tiempo real, superpuestos en su pantalla. Esta experiencia de visualización interactiva permite a los aficionados involucrarse más profundamente con el deporte, obteniendo información y perspectivas que antes no estaban disponibles.

Además de mejorar la participación de los aficionados, las tecnologías de realidad virtual y aumentada también ofrecen el potencial de abrir nuevas fuentes de ingresos para las carreras de rally. Al ofrecer experiencias premium de realidad virtual y realidad aumentada, los organizadores pueden monetizar la participación de los fanáticos a través de la venta de boletos, servicios de suscripción y asociaciones con patrocinadores.

Además, las oportunidades publicitarias de realidad virtual y realidad aumentada presentan posibilidades adicionales de generación de ingresos, lo que permite a los patrocinadores llegar a los fanáticos de formas innovadoras e inmersivas.

En general, las tecnologías de realidad virtual y aumentada tienen el potencial de transformar las carreras de rally en una experiencia verdaderamente inmersiva e interactiva para los aficionados de todo el mundo. Al aprovechar estas tecnologías de vanguardia, los organizadores de rallyes pueden mejorar la participación de los aficionados, impulsar el crecimiento de los ingresos y posicionar el deporte para un éxito continuo en la era digital.

Redes sociales e interacción con los fans

Las redes sociales se han convertido en una herramienta indispensable para las carreras de rally, ya que ofrecen una plataforma para que los aficionados se involucren con el deporte, se conecten con sus pilotos y equipos favoritos y se mantengan actualizados sobre las últimas noticias y eventos. Con su amplio alcance y accesibilidad instantánea, las redes sociales han transformado la interacción de los aficionados y se han convertido en un componente vital de la experiencia de las carreras de rally.

Plataformas como Twitter, Instagram, Facebook y YouTube proporcionan a los organizadores de rallyes, equipos y pilotos canales directos para comunicarse con los aficionados en tiempo real. A través de estas plataformas, los fanáticos pueden acceder a contenido detrás de escena, recibir actualizaciones en vivo de los eventos y entablar conversaciones con sus pilotos y equipos favoritos. Las redes sociales también ofrecen a los aficionados la oportunidad de compartir sus propias experiencias, fotos y vídeos, creando un sentido de comunidad y camaradería entre los entusiastas de los rallyes de todo el mundo.

Para los pilotos y los equipos, las redes sociales ofrecen una herramienta poderosa para construir marcas personales, atraer patrocinadores y expandir su base de fanáticos. Al compartir contenido atractivo, como resúmenes de carreras, videos de capacitación e información personal, los conductores pueden conectarse con los fanáticos a un nivel más personal, fomentando la lealtad y el apoyo. Los equipos también pueden utilizar las redes sociales para mostrar su experiencia, promocionar a sus patrocinadores y atraer a nuevos aficionados, lo que ayuda a construir una base de aficionados sólida y comprometida.

Además de la participación de los aficionados, las redes sociales desempeñan un papel crucial en la gestión de la imagen pública de las carreras de rally. Los organizadores, los equipos y los pilotos pueden utilizar las redes sociales para abordar controversias, responder a las críticas y dar forma a la narrativa que rodea al deporte. Al mantener una presencia activa y transparente en las redes sociales, las partes interesadas del rally pueden generar confianza y credibilidad con los fanáticos, los patrocinadores y el público en general.

De cara al futuro, las redes sociales seguirán siendo una herramienta central para las carreras de rally, impulsando la participación de los aficionados, dando forma a la percepción pública y promoviendo el deporte entre nuevas audiencias. Al aprovechar el poder de las redes sociales, los organizadores de rallyes, los equipos y los pilotos pueden cultivar comunidades de aficionados fuertes y leales, elevar el perfil del deporte y garantizar su continuo crecimiento y éxito en la era digital.

Conclusión

A medida que las carreras de rally avanzan hacia el futuro, se encuentran en una encrucijada de innovación, adaptación y tradición. La rica historia de este deporte, impregnada de la emoción de la velocidad, el dominio de diversos terrenos y la resiliencia de sus participantes, sirve como una base sólida sobre la que construir un futuro dinámico y sostenible.

De cara al futuro, la comunidad de rallyes se enfrenta tanto a retos como a oportunidades. Los avances tecnológicos, como los sistemas de propulsión híbridos y eléctricos, las ayudas a la conducción autónoma y la telemetría avanzada, prometen redefinir las capacidades de los coches de rally y las estrategias de los equipos que los operan. Estas innovaciones no solo reflejan cambios sociales más amplios hacia la sostenibilidad, sino que también presentan nuevas fronteras para la excelencia en ingeniería y el rendimiento competitivo.

Sin embargo, estos avances conllevan desafíos, como la necesidad de equilibrar la innovación con la tradición, y el imperativo de mantener los valores fundamentales del deporte de equidad, seguridad e inclusión. Las carreras de rally deben navegar por las complejidades de los marcos regulatorios, las presiones económicas y las preocupaciones ambientales, todo mientras preservan el espíritu de competencia y la emoción de la carrera.

Sin embargo, en medio de estos desafíos se encuentran oportunidades ilimitadas. Las carreras de rally tienen el potencial de involucrar a los fanáticos de formas nuevas y emocionantes, aprovechando los medios digitales, la realidad virtual y la realidad aumentada para crear experiencias inmersivas e interactivas. Al adoptar las redes sociales, las partes interesadas en el rally pueden conectarse con los fanáticos a un nivel más personal, fomentando la lealtad y el apoyo al deporte.

El futuro de las carreras de rally es prometedor y tiene potencial. Al adoptar la innovación, la sostenibilidad y la participación de los aficionados, las carreras de rally pueden seguir cautivando al público de todo el mundo, al tiempo que se mantienen fieles a sus raíces como una de las formas más emocionantes y desafiantes del automovilismo. A medida que el deporte evoluciona y se adapta a los tiempos cambiantes, una cosa sigue siendo segura: el espíritu de las carreras de rally perdurará, alimentado por la pasión y la determinación de todos aquellos que participan y apoyan este extraordinario deporte.

Conclusión: El legado duradero de las carreras de rally

Al reflexionar sobre el emocionante viaje a través de la historia de las carreras de rally, se hace evidente que este deporte ofrece algo más que la competición de alta velocidad. Es un testimonio del ingenio humano, la resiliencia y la búsqueda incesante de superar los límites. Las carreras de rally, desde sus modestos comienzos hasta su estatus actual como un deporte global tecnológicamente avanzado, muestran una mezcla única de tradición e innovación.

Atractivo duradero de las carreras de rally

En el corazón del atractivo perdurable de las carreras de rally se encuentra su combinación única de emoción, desafío e imprevisibilidad. A diferencia de otras formas de automovilismo que tienen lugar en circuitos controlados, las carreras de rally se desarrollan en terrenos diversos y, a menudo, traicioneros, desde pasos de montaña helados hasta pistas polvorientas del desierto. Este entorno dinámico, en el que los conductores deben enfrentarse a condiciones y terrenos en constante cambio, añade un elemento de imprevisibilidad que mantiene tanto a los participantes como a los espectadores al borde de sus asientos.

Además, la adaptabilidad de las carreras de rally a los cambiantes paisajes tecnológicos y a los cambios culturales garantiza su continua relevancia y atractivo. Desde la introducción de sistemas de propulsión híbridos y eléctricos hasta la integración de la telemetría avanzada y el análisis de datos, las carreras de rally han abrazado la innovación sin dejar de ser fieles a sus raíces. Estos avances tecnológicos no solo mejoran el rendimiento y la seguridad, sino que también abren nuevas vías para la participación de los aficionados y la cobertura de los medios de comunicación.

Además, el atractivo duradero de las carreras de rally radica en su capacidad para mostrar las habilidades y la determinación de sus participantes. Los pilotos de rally deben poseer una combinación única de precisión, adaptabilidad y coraje para navegar por etapas desafiantes a velocidades vertiginosas. El énfasis del deporte en el trabajo en equipo, la estrategia y la resiliencia crea narrativas convincentes que resuenan entre los fanáticos de todo el mundo.

Más allá de la emoción de la competición, las carreras de rally fomentan un sentido de comunidad y camaradería entre los participantes y los aficionados por igual. Ya sea la experiencia compartida de animar a los pilotos favoritos desde el banquillo o la camaradería entre los competidores en el parque de asistencia, las carreras de rally unen a las personas de una manera que pocos deportes pueden igualar.

El atractivo duradero de las carreras de rally radica

en su capacidad para capturar la imaginación y la pasión de los fanáticos de todas las generaciones. Con su mezcla de emoción, desafío y comunidad, las carreras de rally continúan cautivando al público de todo el mundo, asegurando su lugar como una de las formas más emocionantes y queridas del automovilismo.

Perspectivas de futuro y evolución continua del deporte

Las perspectivas futuras de las carreras de rally son prometedoras, y el deporte está preparado para una evolución y un crecimiento continuos en los próximos años. Uno de los desarrollos más significativos en el horizonte es la creciente integración de tecnologías híbridas y eléctricas en los coches de rally. Este cambio no solo refleja un compromiso con la sostenibilidad, sino que también presenta una oportunidad para ampliar los límites del rendimiento y la innovación en el deporte.

Los sistemas de propulsión híbridos y eléctricos ofrecen varias ventajas, como la reducción de las emisiones, la mejora de la eficiencia y la mejora del par y la aceleración. A medida que los fabricantes continúen invirtiendo en estas tecnologías, las carreras de rally se beneficiarán del desarrollo de vehículos más respetuosos con el medio ambiente y tecnológicamente avanzados. Esta transición se alinea con movimientos globales más amplios hacia la sostenibilidad y la energía renovable, posicionando a las carreras de rally como líder en deportes de motor ecológicos.

Además de los avances tecnológicos, las carreras de rally también están experimentando una revolución en los medios digitales y las estrategias de participación de los fanáticos. El auge de las redes sociales, las plataformas de streaming y las tecnologías inmersivas como la realidad virtual y aumentada ha transformado la forma en que los aficionados interactúan con el deporte. Los organizadores y equipos del rally están aprovechando estas herramientas digitales para mejorar la experiencia de los fanáticos, ofreciendo contenido detrás de escena, funciones interactivas y actualizaciones en tiempo real que acercan a los fanáticos a la acción como nunca antes.

Además, se espera que la accesibilidad y la inclusividad de las carreras de rally mejoren en el futuro, gracias a los avances en los medios digitales y la gestión de eventos. Las experiencias de rally virtual, las comunidades en línea y las zonas de aficionados interactivas brindarán oportunidades para que los fanáticos de todo el mundo se involucren con el deporte, independientemente de su ubicación o circunstancias. Esta democratización del acceso promete ampliar el atractivo de las carreras de rally y atraer a un público más diverso y global.

El futuro de las carreras de rally es brillante y está lleno de potencial. Con un enfoque en la sostenibilidad, la innovación tecnológica y la participación de los fanáticos, el deporte está bien posicionado para prosperar en la era digital y continuar cautivando a las audiencias para las generaciones venideras. A medida que las carreras de rally evolucionan y abrazan nuevos desafíos, su espíritu duradero de aventura y competencia permanecerá a la vanguardia, impulsando el deporte hacia un futuro emocionante y dinámico.

El papel de la comunidad

La comunidad de rallyes, compuesta por una mezcla diversa de entusiastas, profesionales, voluntarios y aficionados ocasionales, forma la columna vertebral de este deporte. Su pasión, dedicación y apoyo colectivos son fundamentales para mantener la vibrante cultura de las carreras de rally y garantizar su éxito continuo.

En el corazón de la comunidad de rallyes se encuentran los aficionados, cuyo entusiasmo y lealtad inquebrantables crean la atmósfera electrizante que define los eventos de rally. Estos fanáticos, a menudo descritos como algunos de los más dedicados en el automovilismo, viajan a lo largo y ancho para presenciar la emoción de las carreras de rally de primera mano. Su presencia a lo largo de las etapas del rally, animando a sus pilotos y equipos favoritos, añade una energía innegable al deporte y fomenta un sentido de camaradería entre los demás entusiastas.

Más allá de los espectadores, la comunidad del rally también incluye una amplia red de profesionales, incluidos pilotos, copilotos, mecánicos, ingenieros, organizadores de eventos y voluntarios. Cada miembro de este ecosistema desempeña un papel vital para garantizar el buen funcionamiento de los eventos de rally, desde la planificación y la logística hasta la ejecución y la gestión de la seguridad. Su experiencia colectiva y sus esfuerzos incansables contribuyen al éxito de cada rally, haciendo posible que los competidores superen los límites del rendimiento en un entorno seguro y controlado.

Además, la comunidad del rally se extiende más allá del ámbito físico para abarcar las plataformas digitales y las redes sociales, donde los aficionados y los participantes se reúnen para compartir su pasión por el deporte. Los foros en línea, los grupos de redes sociales y los sitios web dedicados sirven como centros para discusiones, actualizaciones de noticias y creación de comunidades, conectando a los entusiastas de los rallyes de todo el mundo y fomentando un sentido de pertenencia dentro de la comunidad de rallyes en general.

A medida que las carreras de rally continúan evolucionando, el papel de la comunidad se vuelve cada vez más importante en la administración del legado del deporte al tiempo que adopta la innovación y el cambio. Ya sea abogando por la sostenibilidad ambiental, promoviendo la inclusión y la diversidad, o adoptando nuevas tecnologías y formatos, la comunidad de rally sirve como catalizador para el crecimiento y el desarrollo positivos dentro del deporte.

La comunidad de rally es el alma de las carreras de rally, impulsando su éxito, resiliencia y evolución. Su inquebrantable pasión, dedicación y apoyo garantizan que las carreras de rally sigan siendo no solo un deporte, sino una comunidad vibrante e inclusiva que continúa inspirando y cautivando a los entusiastas de todo el mundo.

Reflexiones finales

Las carreras de rally, con su rica historia y evolución dinámica, se erigen como un testimonio del espíritu humano de aventura e innovación. Es más que una serie de competiciones; Es una narrativa que entrelaza las historias de pilotos, equipos y aficionados, reflejando la búsqueda incesante de la excelencia y el impulso implacable hacia el progreso.

Desde sus humildes comienzos como carreras de

carretera accidentadas a través de terrenos desafiantes hasta los sofisticados campeonatos mundiales de hoy en día, las carreras de rally han sufrido transformaciones notables. Cada capítulo de su historia está marcado por los triunfos y tribulaciones de aquellos que se atrevieron a superar los límites de la velocidad y la resistencia.

Lo que hace que las carreras de rally sean realmente únicas es su capacidad para combinar la belleza natural de los paisajes naturales con la tecnología de vanguardia de los automóviles modernos. Es un deporte donde el hombre y la máquina se unen para conquistar los elementos, donde la precisión y la habilidad se encuentran con las fuerzas impredecibles de la naturaleza.

Al reflexionar sobre el viaje de las carreras de rally, recordamos su atractivo perdurable y su encanto atemporal. Es un deporte que trasciende fronteras y captura la imaginación de entusiastas de todo el mundo. Ya sea por el impresionante paisaje de las remotas etapas de rally o por la emoción llena de adrenalina de la competencia de alta velocidad, las carreras de rally continúan cautivando e inspirando.

A medida que miramos hacia el futuro, solo podemos anticipar una mayor innovación y evolución en las carreras de rally. Las nuevas tecnologías, las prácticas sostenibles y las normas sociales cambiantes darán forma al deporte en los próximos años. Sin embargo, a pesar de todo, las carreras de rally seguirán siendo un símbolo del ingenio y la determinación humanos, labrando su camino a través de paisajes físicos y anales de la historia del automóvil.

Brindemos por el viaje continuo de las carreras de rally, un viaje que promete ser tan emocionante y estimulante como las propias carreras.

Apéndices

Apéndice A: Cronología de los eventos significativos del rally

Esta línea de tiempo destaca los hitos clave en la historia de las carreras de rally, trazando su evolución desde los primeros días del automovilismo hasta la actualidad.

- **1894**: Concurso de carruajes sin caballos París-Rouen, considerado el primer concurso de automovilismo.

- **1911**: El Rally de Montecarlo inaugural, que marca el comienzo de uno de los eventos más emblemáticos de la historia de los rallyes.

- **1932**: Introducción del Rally Alpino, un evento desafiante que puso a prueba a los pilotos en los terrenos montañosos de Europa.

- **1953**: Se crea el Campeonato Europeo de Rallyes, que proporciona una estructura competitiva formal.
- **1973**: Se establece el Campeonato del Mundo de Rallyes (WRC), que reúne a los mejores pilotos y rallies del mundo.
- **1980**: Audi presenta el Quattro, que revoluciona el diseño de los coches de rally con tracción a las cuatro ruedas.
- **1986**: Se prohíben los coches del Grupo B debido a preocupaciones sobre la potencia y la seguridad.
- **1997**: Introducción de la especificación World Rally Car, estandarizando los coches y las reglas en todo el campeonato.

- **2022**: Implantación del reglamento Rally1, incorporando tecnología híbrida en los vehículos del WRC.

Apéndice B: Glosario de términos de rally

- **Copiloto**: El navegante de un coche de rally, responsable de leer las notas y dirigir al piloto a través del circuito.

- **Grupo B**: Un conjunto de regulaciones introducidas a principios de la década de 1980 que permiten restricciones mínimas de potencia y peso. El Grupo B se suspendió debido a problemas de seguridad.

- **Notas de ritmo**: Descripciones detalladas del recorrido del rally preparadas por el copiloto, utilizadas para anticipar y reaccionar ante diversas condiciones y obstáculos de la carretera.

- **Power Stage**: Una etapa en los rallyes del WRC en la que se pueden ganar puntos adicionales para el campeonato, normalmente se corre como la etapa final del rally.

- **Rally1**: La actual máxima categoría del WRC, con vehículos híbridos y normativas específicas orientadas a la sostenibilidad y la seguridad.

- **Parque de asistencia**: El área designada donde se mantienen y reparan los autos de rally entre etapas durante un evento.

- **Etapa especial**: Una sección cronometrada de un rally en la que los competidores compiten contra el reloj en carreteras cerradas.

Apéndice C: Perfiles de Coches de Rally Notables

- **Audi Quattro**: Famoso por su sistema de tracción total que cambió la cara de las carreras de rally a principios de la década de 1980.

- **Lancia Stratos**: El primer coche diseñado desde cero para la competición de rally, dominante en la década de 1970.

- **Subaru Impreza WRX**: Un símbolo del éxito de los rallyes en la década de 1990 y principios de la de 2000, conocido por su distintiva librea azul y amarilla.

- **Ford Escort RS Cosworth**: Reconocido por su rendimiento en la década de 1990, una continuación de la fuerte herencia de Ford en los rallyes.

- **Toyota Yaris WRC**: Un ejemplo reciente de un exitoso World Rally Car con las últimas especificaciones.

- **Ford Focus RS WRC**: Presentado a finales de la década de 1990, este coche disfrutó de un éxito considerable en el Campeonato del Mundo de Rallyes, con pilotos como Colin McRae y Marcus Grönholm al volante.

- **Peugeot 205 T16**: Un legendario coche de rally del Grupo B, el 205 T16 combinó el turbocompresor con una construcción ligera para dominar la escena de los rallyes a mediados de la década de 1980.

- **Mitsubishi Lancer Evolution**: Derivado del modelo Lancer de carretera de Mitsubishi, la serie Evolution logró múltiples victorias en el WRC, particularmente en manos de Tommi Mäkinen.

- **Citroën DS3 WRC**: La entrada de Citroën en el Campeonato del Mundo de Rallyes, el DS3 WRC, aseguró numerosas victorias y campeonatos con pilotos como Sébastien Loeb y Sébastien Ogier.

- **Volkswagen Polo R WRC**: La incursión de Volkswagen en la competición del WRC fue muy exitosa, ganando múltiples campeonatos con pilotos como Sébastien Ogier y Jari-Matti Latvala.

- **Peugeot 307 WRC**: Aunque no es tan icónico como algunos de sus predecesores, el 307 WRC logró un éxito notable en el Campeonato del Mundo de Rallyes durante sus años competitivos.

Estos coches han dejado un legado duradero en el mundo de las carreras de rally, cada uno de los cuales ha contribuido a la rica historia del deporte y muestra el pináculo de la ingeniería y el rendimiento del automóvil en sus respectivas épocas.

Sobre el autor

Etienne Psaila, un consumado autor con más de dos décadas de experiencia, ha dominado el arte de tejer palabras a través de varios géneros. Su trayectoria en el mundo literario ha estado marcada por una diversa gama de publicaciones, demostrando no solo su versatilidad sino también su profundo conocimiento de diferentes paisajes temáticos. Sin embargo, es en el ámbito de la literatura automovilística donde Etienne combina realmente sus pasiones, combinando a la perfección su entusiasmo por los coches con sus habilidades narrativas innatas.

Especializado en libros de automóviles y motocicletas, Etienne da vida al mundo de los automóviles a través de su elocuente prosa y una variedad de impresionantes fotografías en color de alta calidad. Sus obras son un tributo a la industria, capturando su evolución, avances tecnológicos y la belleza de los vehículos de una manera que es a la vez informativa y visualmente cautivadora.

Orgulloso ex alumno de la Universidad de Malta, la formación académica de Etienne sienta una base sólida para su meticulosa investigación y precisión de los hechos. Su educación no solo ha enriquecido su escritura, sino que también ha impulsado su carrera como maestro dedicado. En el aula, al igual que en sus escritos, Etienne se esfuerza por inspirar, informar y encender la pasión por el aprendizaje.

Como profesor, Etienne aprovecha su experiencia en la escritura para involucrar y educar, aportando el mismo nivel de dedicación y excelencia a sus alumnos que a sus lectores. Su doble papel como educador y autor lo coloca en una posición única para comprender y transmitir conceptos complejos con claridad y facilidad, ya sea en el aula o a través de las páginas de sus libros.

A través de sus obras literarias, Etienne Psaila sigue dejando una huella indeleble en el mundo de la literatura automovilística, cautivando tanto a los entusiastas de los coches como a los lectores con sus perspicaces perspectivas y convincentes narrativas.

Puede ser contactado personalmente en etipsaila@gmail.com